峨眉山世界文化
与自然遗产丛书

峨眉山石刻选注

峨眉山风景名胜区管理委员会 编

四川美术出版社

我是土生土长的川南人，从能记事时就已经知道峨眉山的存在。20 世纪 60 年代末期，还从街坊的龙门阵中听说当时有人在峨眉山上立了块石碑，上面刻的内容是："人说峨眉天下秀，我说峨眉好个毬，不是四川闹虫灾，哪个龟儿到此游。"但等到第一次去攀登峨眉山，却已经是在大学毕业前一年的 1981 年了。那次爬山，沿报国寺—伏虎寺—神水阁—清音阁—红椿坪—仙峰寺—洗象池—接引殿—金顶—洗象池—华严顶—万年寺—报国寺的徒步路线，上山下山整整走了四天三夜。上下山沿途，除在神水阁看到两三处题刻外，记忆中在其他地方并未看到石刻题记，想看看少儿时期听人说的"峨眉天下秀"打油诗石刻毫无踪迹可寻，当地老百姓说没见过也没听说过。

转眼到了 2000 年，峨眉山管委会准备在景区建峨眉山博物馆，文管所所长陈黎清来找我咨询博物馆主题、定位、藏品征集、大纲编写、形式设计、展览策划和管理等业务方面的意见。从那时起，我和峨眉山的联系渐渐多了起来。陈黎清馆长执着于事业，精明能干，在她的带领下，整个团队高效、专业，只用了一年左右的时间就建成了中国第一座名山博物馆，其陈列主题精炼，内容组合和展览叙事既专业、独特又新颖。博物馆开馆后，观众络绎不绝，馆内外整天熙熙攘攘，业内和社会好评如潮。名山有了博物馆，被国内各媒体争相报道，获国家文物局和住建部多次表扬。峨眉山博物馆基本陈列展获评当年全国博物馆十大精品陈列奖，为四川文博界争得殊荣。峨眉山博物馆一时成为全国博物馆界的标杆，纷纷前来观摩学习。即使如此，二十多年后回头再看当年这个展览，个人以为，也不能说没有疏忽。其中之一，就是峨眉山景区的石刻资料在博物馆里没有得到足够的展示。

我国名山皆有碑刻，可查的文献和可见到的最早实物是秦泰山刻石。汉以后，历朝历代都有因各种原因，官方或民间皆有在名胜地立碑刻石的风气。到唐宋以后，很多名人游历名山大川，除了欣赏自然风光，也观览前朝碑刻题记，凭吊古人，后观者有的又留下诗文。比如，陕西汉中的褒斜道石刻、四川南江的太子洞石刻等。宋代王安石游华山后留下的名篇《游褒禅山记》里就讲到他"见有碑仆道。其文漫灭。独其为文犹可识，曰花山，今言华如华实之华者，盖音谬也"。游历名山大川时访碑稽古，是古代文化人的必修课。

2002 年，我转岗到四川省文物考古研究院以后，往省内各县市出差频繁，与田野打交道时间明显增多，逐渐发现四川的古代碑刻数量大、分布广。借省文物局安排我担任"四川省第三次全国文物普查"专业督导负责人的机会，我在各种场合提醒大家格外留意碑刻题记，加之此前此后的国家大型基本建设工程的高速铁路、高速公路、输气（油）管和水电站建设中的考古调查发掘，到 2015 年时，四川省文物考古研究院已积攒了数千张石刻拓片。机会和幸运总是降临到有准备人的头上，这其实是 2016 年我们能得到省财政厅特别支持的"四川省古代石刻题记抢救保护工程"项目（项目经费 4283 万元，用时四年，获得 24 万张碑刻拓片。已完成。）的主要原因。在工程实施期间，听说峨眉山龙门洞新发现唐宋以来石刻有数十处之多，令人兴奋不已，本想尽快去现场观摩，无奈遇特殊情况，出行困难重重，知情人又说必须绑好攀岩绳、穿上救生衣、驾驶冲锋舟方能到达，这又大大增加了现场考察的难度，所以行程一拖再拖。延至今年 7 月底，忽接陈黎清老馆长电话，说是峨眉山博物馆汇集了峨眉山馆藏石刻拓片数十幅，已完成注释，馆方想请我写序。我首先问的就是书中是否收录有龙门洞的石刻。陈馆长回答说有，而且还不少。听到此，出于先睹为快的心理，我也就不假思索，爽快地答应下来。

进入 21 世纪以来，博物馆越来越受到社会大众的欢迎，2001 年建设开放的峨眉山博物馆，可谓是提前卡位、未雨绸缪、高瞻远瞩，在即将到来的这波文化遗产热中抢占了先机，因而能勇立潮头。据我所知，该博物馆一直是来峨眉游玩，特别是登山客的打卡地。我印象深刻的是，新馆开馆不久，有个游客参观展陈后留言说："以前只知盲目攀爬，现在方晓游山乐趣。"在新世纪头十年后期，大多数国有博物馆免费开放以后，观众如潮水般涌进，不少博物馆一票难求。由于博物馆免费开放来得比较突然，不少博物馆在相关的配套服务上也是慢慢摸索跟进。直到进入新世纪第二个十年，中央领导明确指示要让文物"活"起来，不少博物馆把让文物"活"起来的重点放在文创产品（如冰箱贴、冰糕、记事本、鼠标垫等）和文物数字化、场景复原、虚拟再现等，这当然也不错，但让文物活起来还有很多传统、简便而投入却不多的做法，比如研究成果的宣传普及——出版各种藏品相关的研究和普及的著作、图录、卡通漫画，等等。世界上很多博物馆的商品部里，与博物馆主题藏品、展品相关的出版物占了商品种类和数量的大宗。为何呢？博物馆首先是个教育机构，传播知识是它的首要任务。所以我认为，峨眉山博物馆收集整理出版《峨眉山石刻选注》一书，是在积极贯彻让文物"活"起来的指示精神，是干了一件博物馆人该做的正事，定会受到广大游客的热烈欢迎。

还可以从以下几个方面来看待本书出版的价值意义。

这是四川第一本由文化旅游景区博物馆出版的汇集景区石刻的图书，而且主要是面向游客。我们编辑过《四川安岳卧佛院唐代刻经窟》《苍溪寻乐书岩》两本石刻题记书，虽都是以一地石刻为专题编辑，但我们并非博物馆，而且读者定位为专业人士，所以本书对四川的其他名胜景区和博物馆的图书出版有示范作用。

本书资料收集全面，选碑很有代表性，注释比较精当。全书收集了峨眉山9个景区和峨眉山市3个乡镇共80处石刻，时间跨度自汉到现代长达2000年，是迄今为止，收录数量最多、内容最丰富的一本峨眉山石刻图书。

此书的编写出版，很好地向世人介绍了峨眉山作为世界文化和自然遗产的优美景观及深厚的人文内涵。作为峨眉山攀登路上重要节点的报国寺、万年寺、仙峰寺、金顶等地的建筑，都有建碑、维修碑、寺院重大活动记事碑等，通过对碑文的识读，可以从寺院的选址缘由、始建和大修重修年代、寺庙和社会上发生过的重大事件的记载中借以窥见寺观历史上的兴衰，所有石刻题记构成了大半部峨眉山文化史。在20世纪80年代，到金顶的公路还没完全修通，从报国寺起，一步一个脚印徒步攀上山顶的游客，每经过一个寺庙，还可能在庙里找访古碑，并读读碑文，借以增加知识。但自从90年代起，公路从山脚能直通金顶后，游人徒步攀山日渐减少，能全程徒步者更加稀少。刊布峨眉山丰富的碑刻资料，是让游客全面了解峨眉山自然和文化历史的一个好主意，当然也是博物馆人应有之举。

这也是方便游客的积极措施。除了因公路交通改善，许多人不放弃徒步上山以外，还因为现代人生活节奏加快，客观上不能慢走细品，这两类人中不乏身虽不能至，心中又想追问更多历史及细节者。本书的出版也能在一定程度上满足他们这方面的需求。所以我说本书是新形势下为适应登山方式变化后，馆方主动作为而推而编写的。另一方面，也一定会有不少人因读了此书后，促生徒步攀登心念，进而付诸细读沿途碑刻的行动。

此外，出版此书，也是保护文化遗产的应有之举。我们不能把文化遗产的保护狭义地理解为是简单的防风化、防锈蚀、防损毁，广义上来说，研究和传播也是保护体系里不可或缺的重要环节。就保护而言，一项重要遗产，体量如此庞大，必然代有坚强的守卫者，方能历千年而传至我们手上。书中第一章010页第五通《世守勿替老僧置业奉佛遗训后嗣碑》就是这方面的例证。碑文讲述了立碑人老僧因父母早逝，生活艰辛，投报国寺为僧。寺因火灾受到巨大破坏，前住持就开始着手复建，但工程浩大，又遇社会动荡，徭役繁苛，致使修复工程几建几停，从咸丰到光绪，历数十年，经千辛万苦才得以竣工。为保此建筑永续流传，老僧将建寺余积银两，置业若干，交由后嗣住持管理，并立下"后嗣人等，不得据为己私。即大众人等，亦不得妄为滥费"的规矩，叮嘱大家"协力同心，供奉香火，世守勿替"。为保寺院，老僧真是煞费苦心。相信今天的你，无论是遗产守护人还是参观者，只要读了碑文，内心都会受到极大的冲击，遗产守护人会更加感到肩上担子的沉甸甸，体会到责任之重大。

龙门洞石刻的36处石刻入选，是本书最大的亮点。龙门洞石刻，在历史上闻名遐迩，古修《峨眉县志》和《峨眉山志》里边都有记载。当地人说，因为地方偏僻，道路险峻，本来到此处游人就不多，20世纪六七十年代修公路毁损了部分路段，又覆盖了部分石刻，龙门洞石刻渐渐被人淡忘。36处石刻，时代涵盖了宋、元、明、清，主要为当朝大小官员和地方乡贤游览后留下的诗文。从石刻诗文的赞美渲染可知，这里山峻壁峭，潭水清幽。由宋至清，龙门洞一直是峨眉山的一大胜景，有外地亲朋专程结伴而来，有本地乡贤招待客人特选此地，还有盛夏从成都、资中等地特意来此避暑者。诗文还有为李白未到此为憾，以自己能到此为荣者。据我所知，这样成片分布，汇集数十处题记，时代延续上千年，文采书法俱佳的高品级的文旅新资源，又恰在世界文化与自然遗产地景区内，四川仅此一家，全国也属罕有。文物事业如同接力赛，上一代交给下一代，下一代在上一代基础上接力，争取做到最好，然后再传给再下一代，每一代都是过渡，每一代都可出彩；不因是过渡而懒散，不因是过渡而胡乱作为，更不因是过渡而否定上一代，无视下一代。峨眉山博物馆正是在这有序的接力赛中将事业不断推向新的高峰。本书的编写出版，就是峨眉山博物馆业务团队奋发有为的重要见证。在强调文旅融合，将旅游作为支柱产业的当下，我们热切希望博物馆和管委会对龙门洞石刻再做专题调查，摸清石刻分布和数量，细辨文字，进而做好保护利用规划，早日向游人开放。我大胆预测，当这一天来临之际，龙门洞必将会成为峨眉山景区的新质生产力和游客打卡新热点。这将是本书编写出版带来的巨大社会效益和经济效益。

顺便再说一点，此书对历史考古专业研究的辅助作用。《峨眉山石刻选注》虽只收了80通碑刻，却从一个侧面记录了四川历史的兴衰。此话怎么理解呢？经近百年的四川考古，我们考古人逐渐了解到，秦汉以降，四川野外不可移动文物中最为丰富的遗存是：东汉的崖墓、宋代的石窟和石室墓、明代（中后期）的生基（川南人叫法，其实也是石室墓），清代（康熙中期以后兴盛起来）的墓前碑坊。以上几类，若要说他们每类都有成千上万处也毫不夸张。这和史书记载四川历史繁荣期一一对应。这一现象在《峨眉山石刻选注》中也得到进一步的验证。从这个意义上来说，对四川的历史考古学者，它也是重要的参考书。

从名山建专题博物馆，到免费开放，再到现在的将景区石刻选注出版，这二十多年来，峨眉山博物馆无论是在办馆理念还是实际操作上，多方面都敢为人先，走在四川甚至全国的前列。希望此书的出版，能垂范碑刻收藏丰富单位，有效促使大家更加重视碑刻文物的历史艺术价值，进而加快加大对碑刻文物研究保护的经费投入和人才培养，更愿看到它能带动四川和全国的同类博物馆更多关注内部藏品资源，拿出与自身相关的高质量的研究成果和相关文创产品，以满足越来越多的、越来越有文化素养的广大参观旅游者。

是为序。

高大伦

2024 年 8 月 20 日写于太原

※序作者曾于 2001—2004 年任四川省文物局副局长，2003—2018 年任四川省文物考古研究院院长，现为山西大学考古文博学院院长、南方科技大学客座教授。

● 为便于欣赏和研究，本书拓片先以峨眉山风景区和乡镇地域为序，再按单碑、摩崖刻石、牌坊等分类。

● 本书共收录拓片 80 通，均为峨眉山博物馆和峨眉山市文管所收藏或者新近拓制的，时间上至汉代、北宋，下迄近现代，基本反映了实物的现状与今貌，并注重对文物的文献价值和艺术价值的体现。

● 本书石刻命名，凡约定俗成者，一概沿袭。近年新发现的，依据姓名、年代，或其他关键词语信息命名。

● 对于个别原刻缺损较多者，其释文依传世文献补录，部分有残泐无法确认的文字，以"□"表示。

● 为便于排印，释文依照原刻改写为相应的通行简体正字。通假字、异体字、讹误字等，以"（ ）"随文括注。

● 本书石刻拓片文字释读断句采用现代汉语标点符号，并对朝代年号、人物姓名、典故、生僻字词等进行选择性注释。

● 因部分碑文漫灭，或无法识别等缘由，本书中关于碑文字数统计，除可识别的碑文外，均约计到十位。

● 注释部分参考书目使用简称，详见"参考资料"。

目录
Contents

第四章　神水阁景区

第五章　清音阁景区

第六章　万年寺景区

第七章　洪椿坪景区

第一章

报国寺景区

一

峨山全图

单碑
99cm×201cm
黄湾镇报国寺

清代
图为主体
隶书标题 4 字
行书题跋 4 行
计 72 字

该拓片为峨眉山文管所 1958 年收藏。

原碑现存半截（如下图，99cm×139cm）。

〔释文〕

峨山全图

峨山灵异（异），祷无不应，宜乎蜀人馨香祝之。惟图说幅隘，未能远近传观。兹倩谭晴峰[1] 明府一手扩成镌碑，县署以志感召，非仅为卧游计也。光绪辛丑小阳，知县事关南袁启麟[2] 识。

[1] 谭晴峰：谭钟岳，字晴峰，湖南衡阳人。光绪年间黄绶芙纂修山志，《峨山图说》载"谭君晴峰工绘事，以图委之"。
[2] 袁启麟：历任四川峨眉、南充、江津等地知县，有能吏之称。光绪辛丑小阳：即公元 1901 年，小阳，指农历十月。

峨山全圖

峨山霧異禱無不應宜乎蜀人蔡義
祝之惟圖説幅隘未能遠近傳觀茲偉
譚鳴峰明府一手撫朱鶴碑孫署以誌盛名仉僅
為卧游計也

光緒辛丑小陽月南袁殆峨識

七贤诗碑

单碑
20 世纪 70 年代原碑旧拓
105cm × 252cm × 2
黄湾镇报国寺

明代
行草书 12 行
计 208 字

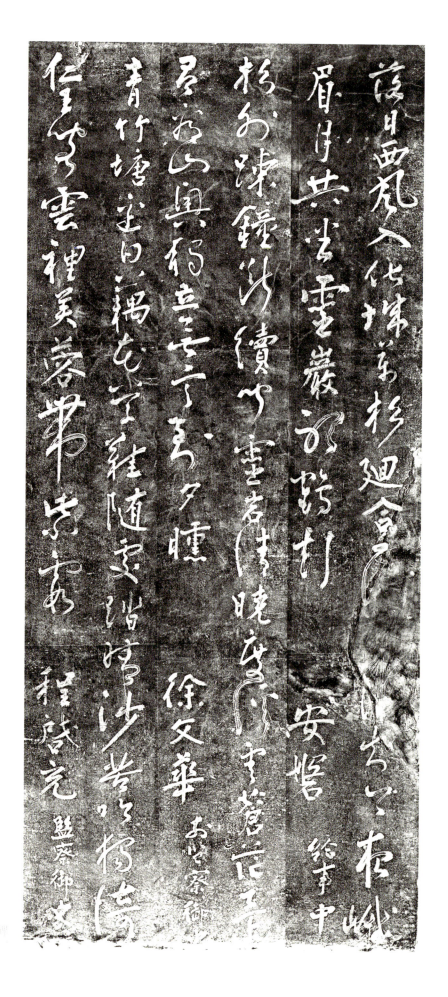

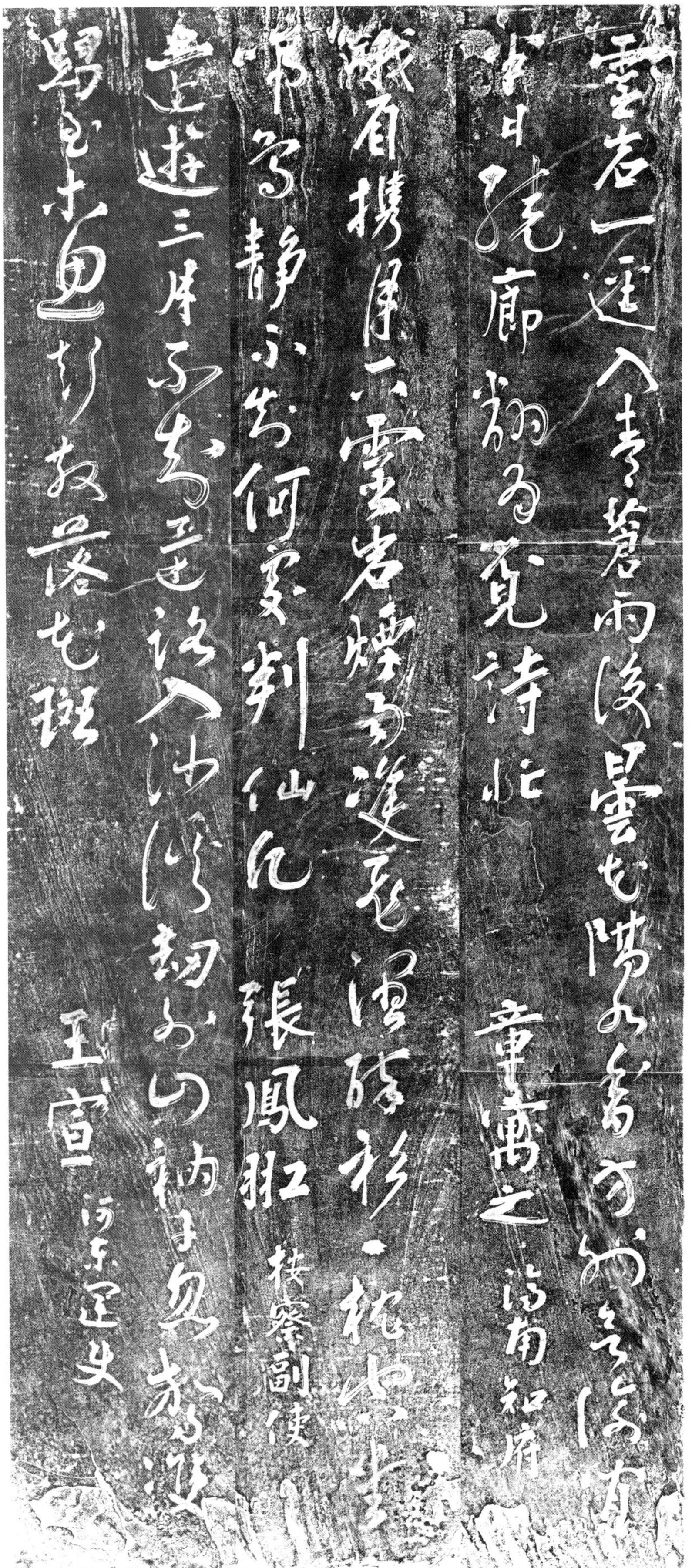

靈岩一逕入幽奇　蒼雨後嵐光隱隱

　　　繞廊翔而覓詩忙　童寯之　　知府

巘有攜筇入靈岩　煙雲隨處濕征衫一枝

悵望靜不知何處剗仙几　張鳳翀　按察副使

遠遊三年不歸遶澗入沙浣翔而納手見求

驄馬士面封お落も斑　王宣　河東正史

落日西飛入七...
眉月共出雲巖...
松杉凍鍾沙續...雲巖清曉...
山奥稻堂...夕...
竹鍾...隨...沙...

徐文華

安磐

程啓充

原竖于灵岩寺，现存残碑一块（如左图），105cm×232cm，立于黄湾镇报国寺。

〖释文〗

落日西风入化城，万杉回合一□□（溪横）。□（谁）知今夜峨眉月，共坐灵岩听鹤声。安磐[1]，给事中。

杉外疏钟断续闻，灵岩清晓度溪云。苍茫还有看山兴，独立无言到夕曛。徐文华，前监察御史。

青竹塘边白藕花，草鞋随处踏晴沙。苦吟独倚仁王阁，云里芙蓉带紫霞。程启充，监察御史。

灵岩一径入青苍，雨后昙花隔水香。方外欲偷闲半日，绕廊翻为觅诗忙。章寓之[2]，济南知府。

峨眉携月下灵岩，烟雨双飞湿醉衫。一枕空堂啼鸟静，不知何处判仙凡（凡）。张凤羾，按察副使。

远游三月不知还，路入沙溪劫外山。衲子忽惊双鴬至，木鱼声散落花斑。王宣，河东运史。

---

① 安磐、徐文华、程启充、彭汝实史称"嘉定四谏"，在《明史》中均有传，与明文学家杨升庵（1488—1559）多有交往唱和。
② 章寓之："嘉州七贤"之一。"七贤"还有徐文华、张凤羽工、安磐、程启充、王宣、彭汝实等人。

三

古慈福院

单碑
118cm×260cm
黄湾镇报国寺

明代
篆书4字行
楷书上下款3行
约计34字

四周有阴刻祥云花纹边框

〔释文〕

明万历壬午 ① 四月吉旦

古慈福院 ②

分守川南道参议高任重 ③ 题

知县戴任

主簿胡宗

典□□□

---

① 明万历壬午：即公元 1582 年。

② 慈福院：该碑原竖于圣积寺。1959 年圣积寺废，该碑被移至报国寺内。

③ 分守川南道参议：属四川布政司，分管粮储的四品官员。高任重，生平不详。

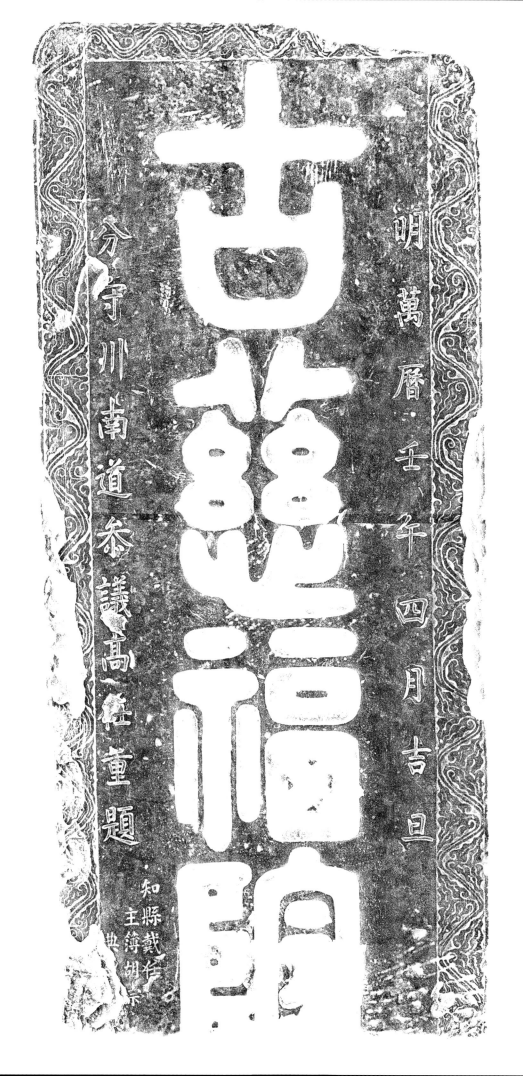

明萬曆壬午四月吉旦

分守川南道參議高任童題

知縣戴任
主簿胡□
典史□

古藺福路

四

世守勿替
老僧置业奉佛
遗训后嗣碑

单碑

110m × 210cm

黄湾镇报国寺

清代

楷书 23 行

碑额 "世守勿替"

约计 1160 字

世守勿替

老僧置业奉佛遗训后嗣碑

老僧原籍夹邑东门外毛冲口地□生长人也。□甫髫龄椿萱早逝，回念劬劳[1]，不胜风木萧条之感，奈门祚[2]衰微，宗祊[3]寥落。幸而投入报国□庭，蒙恩师上续下勤大和尚，披剃膝下为徒。因先师□□□惠老和尚飞锡洪邑，坐庙骑龙寺，僧自披剃后随师去洪邑焚献。经理数十年不幸□元二十九年祖庭回禄，绀殿蕊（蕊）宫旋而为荒径颓垣，金容玉相倏焉同晨霜朝露。满目凄其，何可胜道。幸赖前住持等复行重建前殿两廊，奈功果浩大，代债如林。又遇兵戈徭役，津贴捐输，兼之连年构讼纷纷不已。适逢县主陈意欲延僧勒取，减粮充公。饬令森严，无计可施。只得延僧囬（回）寺，会议行事。迨后调办□欵（款）。僧欲囬（回）洪料理。奈祖庭无人经管，老成俱已凋谢。蒙众留□，踵前接理，事始平静。咸丰七年后，行重修中殿，又逢县主卫勒取纹银，僧□□□拖延半载，苦甚难言。咸丰十年又遭蓝逆[4]搅扰，同治三年，重建山门，不料□（金）顶祖殿又遭囬（回）禄[5]，无人培修。蒙县主吴传唤七家，当堂讯问，饬僧独力培修祖殿，重建砖房。奈常住空虚，债账逼迫，僧将先年洪邑所积银两，代为填偿，以装塑大佛金身，並（并）及普贤韦驮，满堂罗汉塑像穿金，去银若干，数拾（十）年来，辛苦备尝。虽未能复完璧，亦聊可以蔽风雨，而饰观瞻焉。今老僧髦[6]矣，无能为也。弟念创业维艰，当思守成不易，而眷念生平，铢积寸累，饶有千金，置买田蘭（园），亦□数亩，恐一旦路返天台，能保无多藏厚亡[7]之惧乎。是以备陈纪载，勒诸贞瑱（瑱）珉。所有余积银两若干，田业若干，並（并）附祖庭焚献，永为后嗣久远之计。嗣后住持照界管业、□僧、后嗣人等，不得据为己私。即大众人等，亦不得妄为滥费。如有私当私卖等獘（弊），该当家及合堂大众，许将伊逐出，永不入寺。如当家等见此劣僧，坐视不理，许大众协力将坐视者，一並（并）逐出。以后务宜协力同心，供奉香火，世守勿替。人人咸遵[8]禅教，个个共凛[9]清规。斯不负老僧一片婆心也。是以为序。

买张隆兴水田六块（以下略）。

大清光绪六年季春月吉日立。

---

① 劬（qú）劳：劳累；劳苦。特指父母抚养儿女的劳累。语出《诗经·小雅·蓼莪》："蓼蓼者莪，匪莪伊蒿。哀哀父母，生我劬劳。"

② 门祚：指家世。

③ 宗祊：指家庙。

④ 蓝逆：指清咸丰十年（1860），以蓝大顺为首的农民起义。

⑤ 囬（回）禄：传说中的火神，与祝融近义。后用以指火灾。

⑥ 髦（máo）：毛中的长毫，比喻英俊杰出之士。

⑦ 多藏厚亡：积累得多，损失或消耗也多。《道德经》："甚爱必大费，多藏必厚亡。知足不辱，知止不殆，可以长久。"

⑧ 咸遵：咸遵，全部遵守。

⑨ 共凛：共凛，共同严肃。

世守勿替

後嗣人等不得據為己私即夫衆人公
之衆協力將坐視者一並逐出以後務
一買張隆興水田六塊乾田一塊坐落嵩
一抵小溝心右抵大溝心條糧三錢四分
又曲轉為姓田左抵姜姓田右抵姜姓
右抵楊姓田腳至上基薗地坎為界至
一買福源田一分坐落文昌祠左傍大小
溝心為界條糧乙錢整共買田三分
一百八拾兩總計前後置業功德銀共弍

老僧置買業基十

佛遺訓後嗣碑　老僧原籍來邑東相鄰丸

貳拾玖年恩師上績丁勤眷高披剃薙

株又遇真參戊文遠徙後津貼捐輸惡召旋而

叅祖庭面祿紺殿藍召旋連年

檠僧欲回洪料理柰祖庭無人經譽

若甚難言咸豐十年又遺藍逆搶摄固洪

房柰常任空虛債帳逼迫僧將先年

得完常亦耶可以敝風雨而飾觀瞻焉

路波政度念台龍保無與多藏厚亡之懼乎是

五

甘陵相尚府君之碑

单碑
102cm×171cm
黄湾镇报国寺

民国
篆书碑额 8 字
隶书 11 行
约计 320 字
汉碑翻刻
另有题跋 600 余字

原碑刻于东汉末年，1922 年于河南洛阳孟津出土，现藏于河南博物院。此碑书法精整，骨力雄强。清代方若《校碑随笔》和近代王国维《观堂集林》评其为汉隶书石刻中精品，传世拓本稀少。

1940 年何遂于洛阳求得原拓，先赠予报国寺僧果玲。1944 年由何遂题跋、果玲主持以金石刻之，赠以赵熙先生，贺其 75 岁华诞，具有较高的文献和艺术价值。

〖释文〗

甘陵相尚府君之碑 ①

□讳博，字季智，司空公之少子也。孝弟昭于内，忠□耀于外。聪叡广渊，兼览七□。攻典素丘，河雒（洛）运度。该三五之藉，歇周孔之奥。常以易、诗、尚书授，训诲不倦。□其食弗食，非其服弗服。羣（群）儒骏贤，朋徒自远。有韩魏之家，自视欿然。得士若□，闻善若惊。思纯履劲，经德不回。学优则仕，历郡席坐，再辟。司隶公薨，拜郎中□察，孝廉平□，悉以病去。司空辟。遭公夫人忧，服阕。司空司隶竝（并）举，贤良方正。去官。辟大将军府。复登宪台，迁兖州刺史。疾谗□比周。愠频频之党，□唐虞之道。于是操绳墨以弹耶柱（邪柱），援规柜以分方员（圆）。饕餮改节，寇暴不作，封畿震骇，每怀禹稷，恤民饥溺之思，不忘百姓之病也。征为尚书。肃恭国命，傅纳以言。转拜仆射令。三辰明，王衡平，休征集，皇道著。拜钜（巨）鹿太守。施舍废置，莫非厥宜。刑政不滥，绌掊，克采儁（俊）桀（杰）。犹仲尼之相鲁，悼公之入晋，斟酌仁义，下不失望此以屡获□□之应。田畴有让畔之萌，商旅有不争之民。□甘陵……

---

① 该碑近代人多有研究释录，此处从略不注释。

二陽相尚□山□府山聘

諱博，字季智，司空公之少子也。孝弟昭於內，□□□□□兄七

以典素工河雄，度詠三五之籍，歌周孔之藝，□□崇雄於外，聰敏廣淵，□□

其善若食，北其服，妒其服，卑服經德不回，孝優弗徒，白徒有韓魏之易，家自視猷然，得士中

察聞李廉平餘，忠志□司空辛亶公，□□□□人，歷郡庫坐，再辟司辭，公處辰芳

官辟入將軍府，旗旌墨以登憲臺，遷豫州刺史，政夫謀□□關司□□□□□辰

懷遠於是，操繩墨以弾耶柱之規，柜以杖百姓之貪，□□□周愷頻心，黨羽馮霆

言輯寚□，飲溺飢溺之思，不忘百姓之病也，周愷頻暴不仕，封國命傳納

莫北麻操宜□，刑政射令，三辰明□□御平休殯□□節御硯暴肅恭守□□□

丁夫望七人，甚美□拜政不瀆，擢克東壽，食仲尼之道著，悼公拜鉅康之入晉酬

□宜八襄□□□□□米□之諧酉，相衾育不爭之民，□□施酌秦仁

右碑几（凡）十一行，行卅字。以全石计之，当尚阙五行。民国初元，出土于偃师乡间，为孙姓者所得。镯置密室，秘不示人。曩曾以一拓本，丐余杭章太炎先生为之考定，沪上西泠印社制为珂罗版，不久亦即失传。故虽出土廿余年，知之者甚少。廿九年岁庚辰九月，予复游洛阳，友人李君杏□官斯土，求之数年仅得此拓本。知予有金石癖，举以见贻。且曰：近数十年来，汉碑出土者卅余种，篆书当以袁安碑为冠冕，隶书则以此为巨擘矣。得之匪易，幸善保之。洛人称此碑为朱博碑，非也。朱博碑于数十年前出土于鲁，现在济宁。称之为《汉甘陵相碑》者，其事蹟（迹）不见于碑。盖碑尚有阙文，所能据者第十一行之末有"甘陵"二字，而碑额有"□陵相"而已。考此碑文官名，如司空、如大将军、如司隶、如尚书、如仆射、如孝廉方正等。东汉时制其云"疾谗□比周慍频频之党"似又在桓灵朋党纷呶之际矣。以此碑资阅观之，似为汝南袁氏子。袁氏之尝为司空者，章和之际则有袁安，安迁司徒，薨于位。安次子敞亦为司空，以书策免自杀，事在安帝元初元年。安之孙汤，以桓帝初为司空，累迁司徒太尉。汤次子逢，灵帝时亦为司空，终于执金。吾意者，此碑之博或为袁敞之少子乎？甘陵者，清河王庆陵也。庆以太子废，就国生安帝。桓帝时，有司请追尊庆为孝德皇，尊其陵曰甘陵。建和四年，改清河国为甘陵国，立安平孝王子经侯理为甘陵王。博以钜（巨）鹿太守迁甘陵相，其时代亦正适合也。碑之文字裔皇奇伟，有过于华山、礼器诸碑。非如袁氏世阀孰能致此？宜其为时流所重，一本至值数十金也。蜀中金石刻，唐以前者不多见，此碑极不易得。荣县香宋老人适有七十有五，度诞降之庆，因请以此碑并袁安碑重摹上石为纪念。老人蓄道德，能文章。今虽年逾古稀，聪明犹能著述不辍，然刊老人之为传者，亦将与金石刻同垂于无穷量也。以金石刻为寿，不亦宜乎！峩（峨）眉报国寺僧果玲能为诗，而好老人之诗。为老人私淑弟子，力任刻石之事。长安冯逸铮善书札，乃以钩摹之役属之。碑成，视原刻不爽毫发，因并记之于后云。侯官何遂[1]识。

---

[1] 何遂（1888—1968），字叙圃，笔名贱夫，福建闽侯人。辛亥革命元老，民国早期知名军事教育家和理论家，广州黄埔中央军事政治学校最后一任负责人。一生酷爱收藏书画文物，生前分别捐献文物给北京故宫博物院、上海历史博物馆、南京博物馆、天津市图书馆，仅1950年捐献给上海历史博物馆的文物就有6895件。

襄陽一拓本亦保抱章大夫先生為考定……碑社衰葛弟之殿半代日毋拓本如于天金石癖學又見好且日近此年來碑此山朱博碑於野十年前出土於學現在□官□……大官名如曰其如大將軍如曰……此□供射其孝廉方正比章□睿為習其廿字和之除刻之表也……時……其日空孫於執舍□音其此碑之甘或為表敬之少子□清河因為甘陵因立安平□世王經使理君世□王村之巨然□為時流雨零一本正值五十金如蜀中金石刘启少□見□□□聰脈祝孫其莊□□□□□□當邑撫然久文辛本挂年通古都□□□□刘石□事□安□□□送□□□□□□□文和附書子力任□□□□□□□□□□□□□□□□□□□□□□□□□

竹頃臺遷益州刺史疾讜言上周頻頻之黨封

臺臨彈耶柱援規柜以於疾讒餘政節窺暴家他守

侯僕臨民飢溺之思規不志百姓之負饕餘政為尚書肅恭國

荊拜政射令三辰明玉衡平沐激之集皇道著拜鉅之入晉

木亯美瀰紙搖之克采儁壽女襄米之茆西衣育不爭之

司空公之少子也孝弟昭於内□□雄於外聰□廣淵

□韓□運度詠三五之籍歌周孔□奠常□易詩尚書援□

純異□服弗服經韋三儒騐之賢罗徒白遠有韓库坐再辟家自視獸

恋□純□履勁經德不回學優則仕歷郡库司□辟司□並舉賢

□以寅曰司空辇直公去入憂恨關司□司□並舉賢

第二章

纯阳殿景区

单碑

125cm × 275cm

黄湾镇纯阳殿

明代

碑额篆书 6 字

楷书 15 行

约计 400 字

〔释文〕

建吕仙行祠记

峨眉孤清秀绝，梵宇仙踪，巍峨奇異（异）。往纯阳吕仙①，居二峨猪肝洞②，题有紫芝洞三字，□□真仙笔也。游大峨③于宋黄观，左有十字洞，传为仙剑画④云。余久厌尘几（凡），窃窥至道，好而未脱。然甲申巡蜀境土，经金紫桥，登澄清楼，曾赋二律寄正玄子，正玄子求笔于仙祖，遂□大书二律见赠，笔法神異（异），音调清高，信非寻人所能，且期以积德昌后。令余巡峨眉飞□登，窃记忆欲践仙约。

岁丑月望后，始临眉邑。或曰："山高冰厚，恐难攀跻⑤。"余志甚坚，期念□少顷，霖雨经宵，山冰益滑，竟难如约。邑令宜君曰："峨眉蜀名山也，仙跡（迹）甚多，使君虽不能登，令敢图绘以献，一达观之，则名山形胜尽得于一览，奚必⑥身游，而后为登也。"余曰："可。"令曰："吕仙虽居于二峨之猪肝洞，然大峨之巅，亦画有十字洞，相传以为纯阳行游，剑画而成。地宽平高朗，面对晒经、瓦屋二山，宜建祠于上，以纪灵異（异）。"余曰："可。"君遂鸠工求木相度，经不期月告成，求言以识岁月。余曰："何言。茫茫大道，凝秀为山，独全为仙，浑化曰圣尔。我□均一道凝，践形则近，枯灭则远。而今而后，余奚以言哉！洗垢离尘，忘识去碍，脱利禄□□，清悠之境，仙果往来于兹山乎？其有以迪我。"

万历乙酉⑦十月十日卫阳子赫瀛⑧书，邑令宜训篆⑨。

---

① 纯阳吕仙：吕洞宾，（798—？） 唐末道士。名喦（一作岩），以字行，号纯阳子，相传为京兆（治今陕西西安）人，一作河中（治今山西永济西南）人。会昌中，两举进士不第，浪游江湖，遇钟离权授以丹诀，时年 64 岁。曾隐居终南山等地修道。后游历各地，自称回道人。相传曾在江淮斩蛟，岳阳弄鹤，客店醉酒等。元代封为"纯阳演政警化孚佑帝君"。道教全真道尊为北五祖之一，通称"吕祖"。为道教八仙之一。宋元以后，小说、戏曲多有描述。马致远《吕洞宾三醉岳阳楼》叙八仙云："吕纯阳爱打筒子渔鼓。"后世八仙过海图等多据此绘像。
② 猪肝洞：在罗目镇二峨山下。
③ 大峨：指峨眉山。峨眉山被道教尊崇为"天下三十六洞天"中的第七洞天——"虚灵太妙洞天"。
④ 仙剑画：传说吕洞宾率领弟子从绥山移居大峨山赤城峰下的千人洞修炼。因为徒众日增，为扩展洞府，吕用剑在洞壁上横劈竖劈，岩崩石裂，洞穴宽阔。明人朱子和游峨眉山时写有《天柱峰》一诗，其中有句"仙人剑去空青壑"，即是吟咏此事。
⑤ 攀跻：攀登。
⑥ 奚必：何必。
⑦ 万历乙酉：即万历十三年，公元 1585 年。
⑧ 赫瀛：明万历御史，道号卫阳子。
⑨ 宜训篆：指县令宜训篆书的碑额"建吕仙行祠记" 6 字。

建呂騰祠記

建呂仙行祠記

峨眉孤清秀絕梵宇仙蹤覬峨奇異往絕陽呂仙居二峨猪肝洞題有紫芝洞一

真仙筆也遊犬獻木於黃觀在有十字洞傍燕仙劍畫云余久嚴塵九竊窺至道如

脫然甲申巡蜀返上鑾釜紫橋登澄清樓曾賦二律寄正玄子正玄子求筆干仙梓霎

登竊記隱欲踐仙約歲毋月望後始臨眉邑或曰山高水厚恐難攀躋余志甚堅到

大書一律見贈律法神異音調清高信非尋人所能且期以積德昌後冷余巡峨眉

少頃羅雨經宵山水益滑竟難如約邑令宜君曰峨眉蜀名山也仙跡甚多使君可

令歙圖繪以戲一建觀之則名山形勝盡淨于一覽矣必身遊而後爲登也余曰可

呂仙雖居千二峨之猪肝洞然大峨之巔亦畫有十字洞相傳以爲純陽所遊稠

地寬平高朗面對睸經庭屋一山宜建祠平上以紀靈異余曰可君遂鳩工水木相

平期月告成不言以識歲月余曰何言范楚大道凝秀爲山獨全爲仙渾北曰聖面者

均一道凝跂形則近枯滅則遠而今而後余奚以言我洗晤離塵忘識妻凝礙脫利祿

清悠之境仙果往來干茲山平其有以迪我

萬曆乙酉十月十日衡陽子赫瀛書

邑令宜訓篆

陰清樓魯賦二律寄正玄子丕玄子求筆于仙祖緣

高信非尋人所能且期以積德昌後冷余巡峨眉尚

始臨眉邑或曰山高永厚恐難攀躋余志甚堅期

約邑令宜君曰峨眉蜀名山也仙跡甚多使君雖

形勝盡淂于一覽奚必身遊而後為登也余曰

峨之巔亦盡有十字洞相傳以為純陽行遊翻

且建祠于上以紀靈異余曰可君遂鳩工永未相其

伺言茫茫大道凝秀為山獨全為仙渾化曰聖繭

今而後余奚以言刦洗垢離塵忘識去礙脱利豫

增修峨眉纯阳
吕祖殿记

单碑
142cm × 296cm
黄湾镇纯阳殿

明代
碑额篆书 8 字
碑文楷书 21 字行
约计 790 字

额边有线雕凤凰图案
下有阴刻连枝花纹边框

〔释文〕

增修峨眉纯阳吕祖殿记

仙佛之蹟（迹）蟠海内，而峨眉实雄九土[1]，轩虞以来侈谭五岳哉，特尚中区未通巴蜀也。春秋狂接舆谊最高□楚相隐此大麓，盖其山有飞仙石云。唐誌（志）吕纯阳就此山修炼大还，此尤其彰明较著者也。世传峨山之胜，以普大十名，而不知猪肝、飞来诸胜，则以仙踪平分毗（毗）卢[2]一席。予家食时，遥忆峨眉天半，则已神游其际矣。及受命，繇巫峡渝州，旋及阆果[3]，玉垒[4]以南，遵锦水[5]而之嘉州[6]，则峨峯（峰）隐隐在望焉。

问俗而竣于事，乃克纤道，峡岫层折，攀跻其间，忽夷忽竣者几数十里。更历钦巅，凭虚而度，时见脉络，表里披歛（敛），出没涧壑钩蔓。峦岭蜿蜒，巍岗险顶，禽鼫[7]依人，晨霞晚霭，一日万状。真步蹑太清呼嘘帝座者耶！复梯光象而下，过双飞峨石，平崎数峯（峰），杳远空阔，连墙（堨）带麓，前为木鹤菴（庵），中建白衣阁，最后殿焉，吕仙居之，为郝卫阳所创，岁久渐蔽，弗大隘也，弗饰陋也。奚以殿，奚以庑也。于是进峨眉令，与语，此隶治下，

---

① 九土：九州在地皇燧火氏时期称为"九土"，西南戎州称滔土。
② 毗（毗）卢：毗卢舍那之省称。这里指佛教道场。
③ 阆果：指南充阆中果山。
④ 玉垒：指都江堰玉垒山。
⑤ 锦水：指成都。
⑥ 嘉州：即乐山。
⑦ 鼫（shí）：一种危害农作物的鼠类。

增修縢腸昌祖殿記

呂僧珍居之

嚣籍嘗號濾而規模制量諸不如所說在謀其完笑緣招

唯自鴛王而屬予以記余憶僂師之覺我者舊矣髮水燥正

不一景浪跡金沙承明白簡亦若有默柜印盒焉者不予鄉業

指錦歸爾飛膚成咏肖像宛然此刻臟絕奇峯雲依木焦

衣盛邃然褄真秘夏蔽麻姑與王芳平御氣飛神于蔡承

孫五十壞計尺三百有大稍增橋宇廻廊匝舍綱珠承于

兀然師嘗有以教我矣寧禁徘徊之娓娓也銘曰

虛室不數以本為楫魏魏蕩蕩菩度群生

凄然其枞嬡然其春蓁光灼灼鶴馭泠泠

更岡劉宗祥百拜謹記

砥縣臨安朱國柱鐫石

黔工巡簡江陵劉蔚

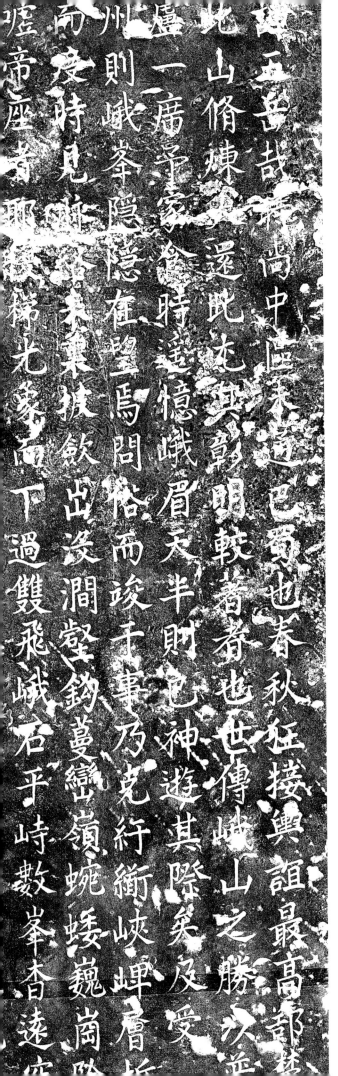

载谱籍实号胜处，而规模制量，诸不如所说，在谋其完矣。缘捐金若干，调将度材，悉以良法，不烦公，不伤私。令唯唯，自鸠工而属予以记。余忆仙师之觉我者旧矣，发未燥而三教之旨，恍然于蕉鹿①展转间，暨生平大致，开示不一。予浪跡（迹）金沙，承明白简，亦若有默相印合焉者。予乡黄鹄矶②为仙师览胜。祗谒祠下，无时不思降陟。乃北指锦屏而瓜肤成咏，肖像宛然，此则旷绝奇峯（峰），云依杰构，予无时不思降陟之思，至是少愿（惬）焉矣。殿以穹测为赤五十环，计尺三百有六，稍增檐宇、廻（回）廊、匜舍，纲珠承乎夕露，飞栱燿于朝采，戟棼缘之以起势，静地于焉而表盛，岂然棲（栖）真③秘夏哉。

昔麻姑与王方平，御气飞神于蔡氏舍燕集，颜鲁公为之纪事。予才逊古人，其□卢羹何然，师尝有以教我矣，宁禁徘徊之娓娓也。铭曰：纯阳吕祖，博（博）大真人。乘正御辨，遊（游）乎崑（昆）崙（仑）。虚空不毁，以本为精。巍巍荡荡，誓度群生。岳阳黄鹄，峨眉锦屏。紫金臂引，太乙舟横。凄然其秋，煖（煊）然其春。象光灼灼，鹤驭泠泠。名山万古，至道千寻。维桢维干，大物是凭。

崇祯陆（六）年④癸酉岁秋柒（七）月，巡按四川监察御史后学黄冈刘宗祥⑤百拜谨记，峨眉县知县临安朱国柱镌石。

督工巡（巡）简江陵刘蔚。

---

① 蕉鹿：典出《列子》，比喻虚幻迷离、得失无常，以及稀里糊涂、犹如做梦的状态。
② 黄鹄矶：在今湖北武汉武昌蛇山，《水经注·江水》：江水"历黄鹄矶西而南矣"。
③ 棲（栖）真：道家谓存养真性，返其本元。《晋书·葛洪传论》："游德栖真，超然事外。"
④ 崇祯陆（六）年：即公元1633年。
⑤ 刘宗祥：明朝湖广省黄州府黄岗县（今湖北黄冈）人，同进士出身。

第三章

龙门洞景区

八

龙门

摩崖
146cm × 276cm
黄湾镇龙门峡

宋代
行书5行
龙门单字直径120cm
题跋约计210字

〔释文〕

龙门

山水之胜必因人而后重，岘首①以羊叔子而重，兰亭以王逸少而重。大峨虽号为胜峯（峰）第一，向非李谪仙声于诗歌而移大之，则亦不过如是而止耳。龙门景趣清绝，隐于幽深穷僻中，疑太白足跡（迹）之所不到，故其名不得与大峨俱。

富春孙公②来守汉嘉，奇搜幽讨，阅二年而后得之。亲洒③二大字，镵④之于悬崖峭壁间，笔势遒健，蜿蜒若飞，如欲与龙俱腾而上者。自今以往，不独龙门之名重，而龙益加神，民益加信。曰旸而旸，曰雨而雨⑤。公之赐可胜既哉。

乾道庚寅⑥重九日，左宣教郎知嘉州峨眉县主管学事劝农公事兼兵马监押借绯何杞（芑）⑦谨跋。

---

① 岘首：指岘首亭，位于襄阳城南2.5公里处岘首山上，大约是在西晋咸宁末年或太康初年（280），为纪念镇守襄阳的名将羊祜所建。北宋文学家欧阳修有《岘山亭记》。
② 孙公：孙富春，生平不详。
③ 亲洒：洒：挥洒。多指书写。
④ 镵（chán）：古代的一种刨土工具，刺、凿。
⑤ 曰旸而旸，曰雨而雨：语出唐·韩愈《元和圣德诗》。《尚书·洪范》中有"庶征：曰雨，曰旸"。旸：晴天。
⑥ 乾道庚寅：南宋孝宗赵昚六年，即公元1170年。
⑦ 借绯：唐宋时规定了官员的服色，四品、五品官员服绯，未至五品者如得特许可以服绯，称为"借绯"。绯，大红色。何杞（芑）：生平不详。

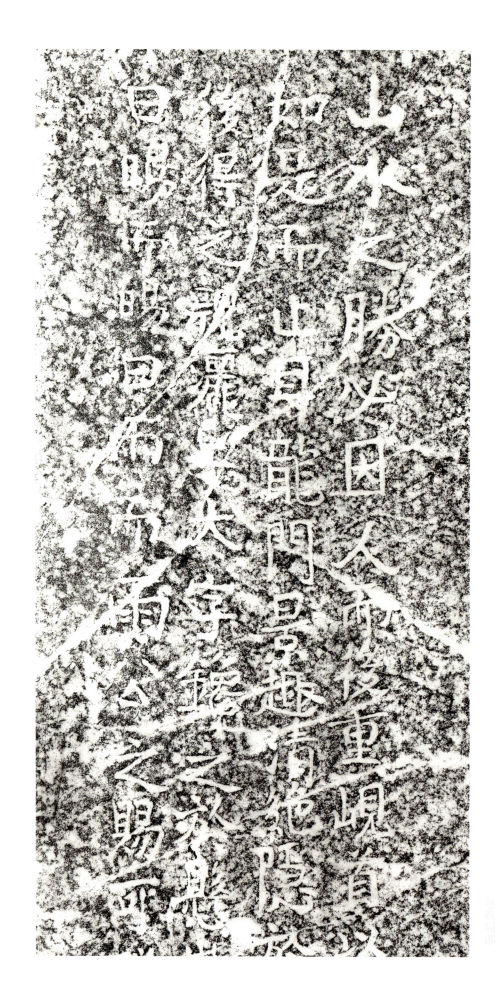

以辛枝子而重構再
於山深船解冲疑夫以
堂胡蜂間年健昌跡之所越沙而
勝跌哉乾道庚寅宇重光日安重飛如欲郵

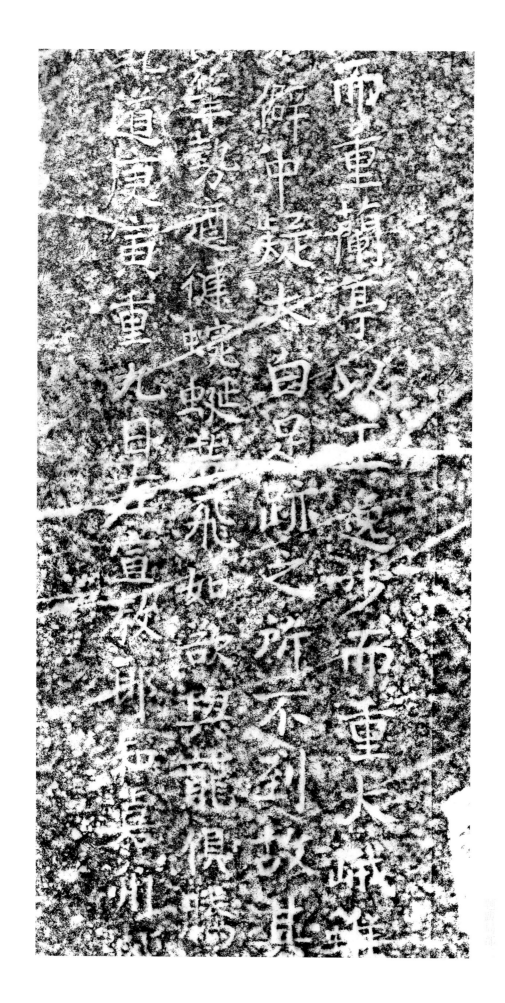

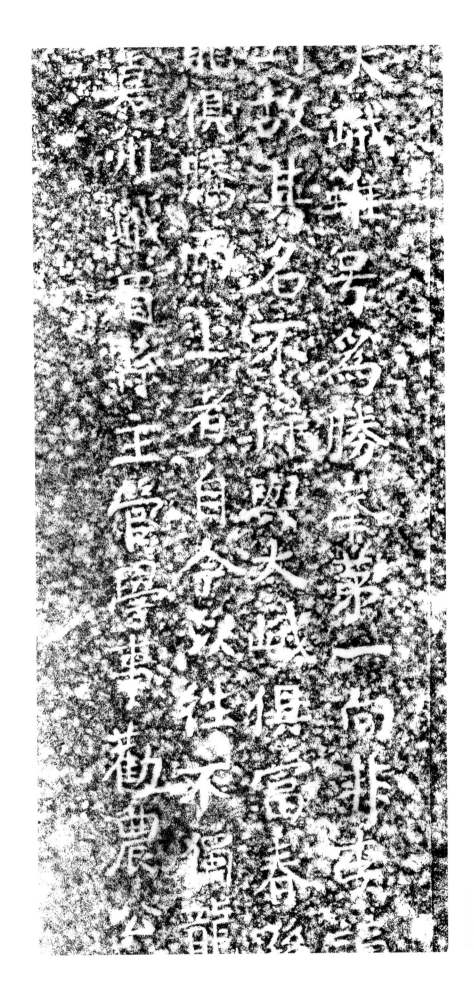

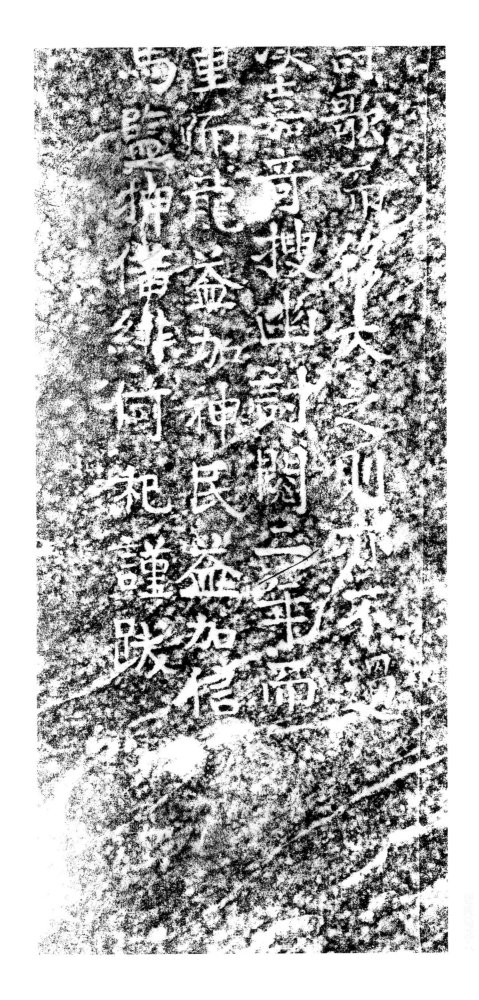

侯德先任叔俭

摩崖

38cm × 88cm

黄湾镇龙门峡

宋代

行书 3 行

计 29 字

[释文]

　　侯德先、任叔俭、掌公达、唐际叔、杨时发、杨彦照①，政和甲午②六月初八日同游。

---

① 以上人名，生平均不详。

② 政和甲午：政和，是北宋徽宗赵佶的年号，甲午年即公元 1114 年。这是迄今为止在龙门洞发现的年代最早的摩崖石刻。

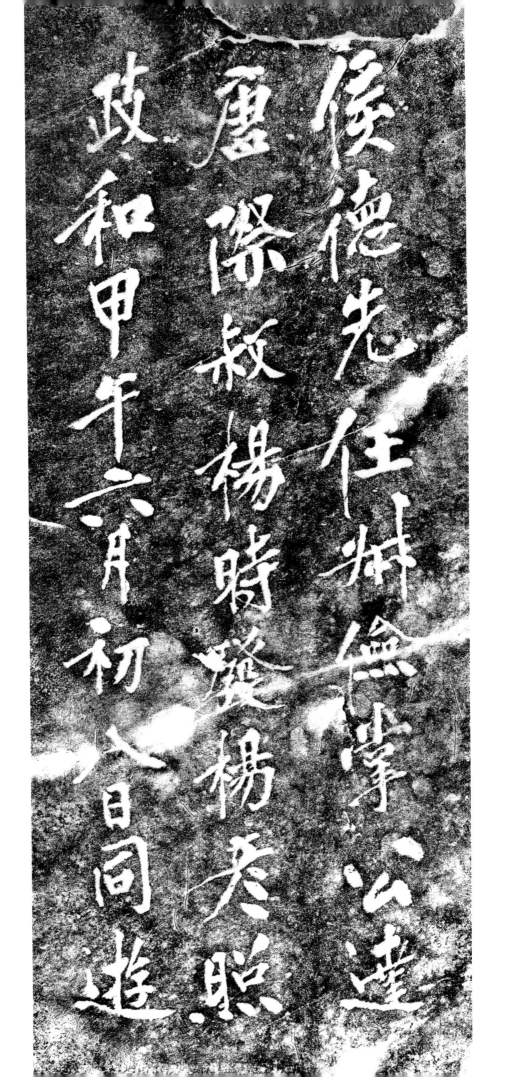

侯德先任州僉公違
麈際敘楊時暨楊天眺
政和甲午六月初八日同遊

十

邵溥博降简

摩崖
39cm×75cm
黄湾镇龙门峡

宋代
篆书 3 行
计 15 字，字径 10cm

〖释文〗

邵溥①、博②、降、简，吕仪、鲜于维、陈似、张晦来③。

① 邵溥：字泽民，邵雍之孙、邵伯温长子，进士，累官礼部员外郎、户部侍郎、徽猷阁待制。长于文艺，有《邵氏集》行世。为南渡居杭之始祖，邵逸夫先祖。

邵雍：字尧夫，今河北涿县人，幼随父迁共城（今河南辉县）。自号"安乐先生""伊川翁"，后人称"百源先生"。宋代著名的理学大师、哲学家，与周敦颐、程颢、程颐和张载并称"北宋五子"，亦称"邵子"。邵雍与司马光、二程、苏轼等交好。邵雍精通易学，好预言，邵雍临死，吩咐儿子邵伯温去四川，因"世行乱，蜀安，可避居"。

邵伯温（1055—1134）：字子文，洛阳人，邵雍之子。葬于犍为县城南黄花冲。历官利州路转运副使、右奉直大夫。隐居犍为期间，除了编纂《邵氏见闻录》，还整理了邵雍的遗著。邵氏一家与嘉州关系非常密切。邵伯温曾经在嘉州任成都府路提点刑狱。四川乐山大佛像身体左侧有"弥勒大像"题刻，为邵伯温所题，每个字大小 1 米见方。

② 博：即邵博，字公济，邵伯温之次子。绍兴八年（1138）赐进士，历官嘉州知州、左散朝大夫。作《清音亭记》，赞颂嘉州山水："天下山水之观在蜀，蜀之胜曰嘉州。"入明清嘉定"寓公祠"。以上资料详见罗家祥编著《犍为邵氏安乐窝记》（山东文化音像出版社 2023 年版）。

③ 以上人名生平均不详。

043

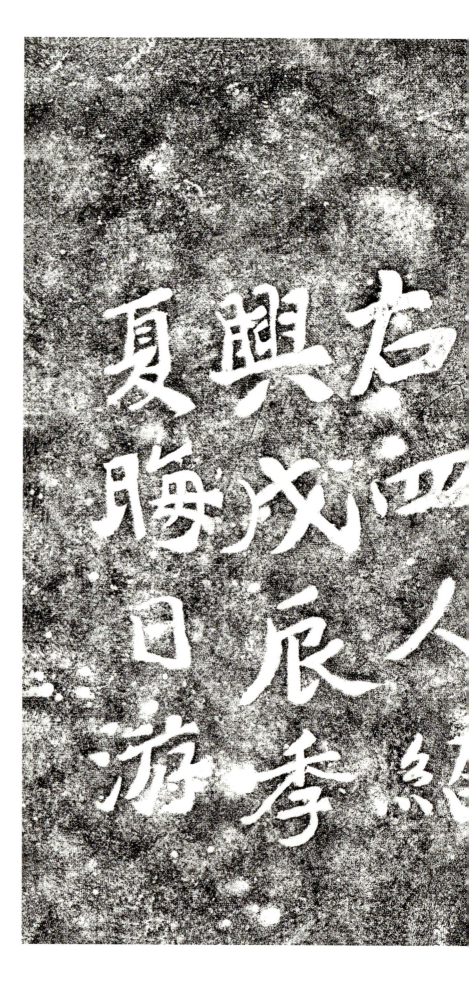

十一

冯翊王德粹

摩崖
62cm×46cm
黄湾镇龙门峡

宋代
楷书 7 行
计 32 字

[释文]

　　冯翊王德粹①、华阳刘见道、武阳程国宝、三嵎韩道济，右四人绍兴戊辰②季夏晦日游。

———

① 冯翊：郡名。古县名。隋大业初改武乡县置。治今陕西大荔。王德粹以下四人，生平不详。
② 绍兴戊辰：南宋绍兴十八年，即公元1148年。

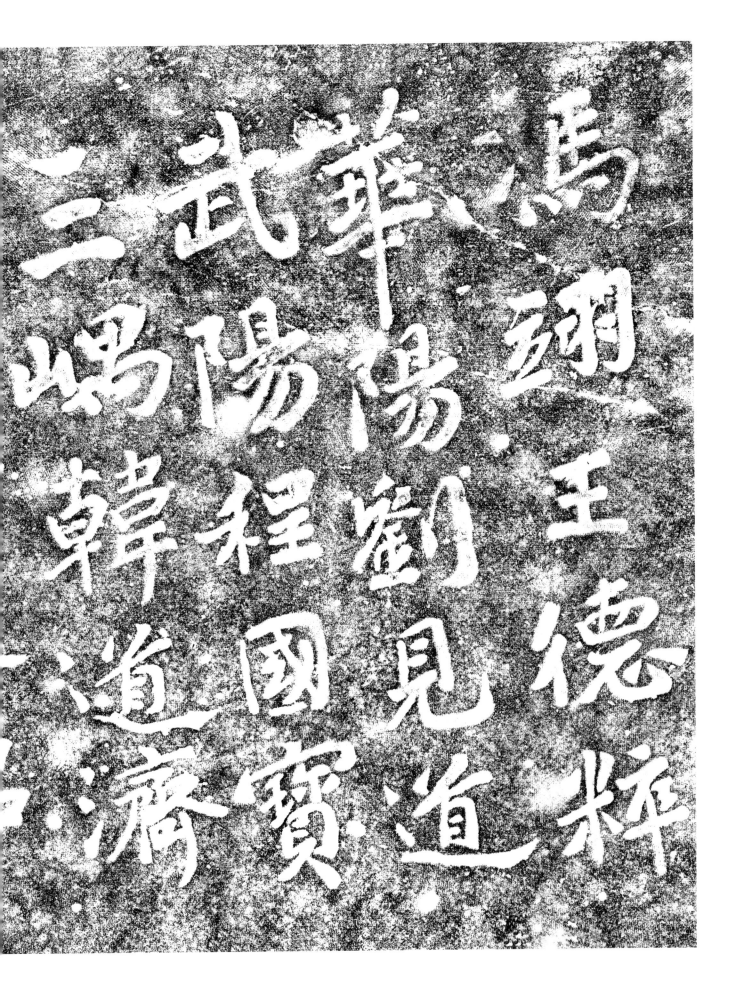

三武嵎馬陽翅

嵎陽劉王

韓程見德

道國見粹

濟寶道

十二

□□史舜臣

摩崖

85cm × 93cm

黄湾镇龙门峡

宋代

楷书6行

约计46字

【释文】

　　□□史舜臣，邑佐史季平，酒正文位老同杨千里、孙养正^①来游。拏舟入峡，惊叹天险，大安龙阳未为奇观也。绍兴丙子^②上巳日。

① 以上人名生平均不详。
② 绍兴丙子：即南宋绍兴二十六年，公元 1156 年。

賀翁

舟千

嶮山酉更文

孫運更正

養養來

來

見險游

十三
张宗礼

摩崖
60cm × 63cm
黄湾镇龙门峡

宋代
楷书 5 行
约计 30 字

【释文】

张宗礼^①、文位老，石安孺、周仲卿同来，宗礼之子惇、惊侍行。绍兴丁丑^② 正月下澣（浣）。

---

① 张宗礼：是宋朝张齐贤（942—1014）诸子中最贤之人，历次登朝为官，不喜羁束，常住乡间。
张齐贤为相前后 21 年，史称其"四践两府，九居八座，晚岁以三公就第，康宁福寿，人罕其比"。有《洛阳搢绅旧闻记》传于世。
② 绍兴丁丑：公元 1157 年。

何熙志

摩崖
31cm×57cm
黄湾镇龙门峡

宋代
楷书 3 行
计 24 字

〖释文〗

何熙志^①、宋□卿、郭元□（起）、杨炤（昭）及其子楷来，乾□（道）庚寅^②二月十九日。

---

① 何熙志：字忠远（《金石萃编》卷一五〇），夹江人，一作龙游（今四川乐山）人。高宗绍兴进士，以晁公武荐为御史台检法。孝宗乾道七年（1171），为潼川府路转运判官，事见清同治《嘉定府志》。
② 乾道庚寅：南宋理宗乾道六年，公元 1170 年。

庚寅二月十九日

楊焴及其才

何熙　子

陳衍傑其恰

淳熙六年

月終日

十五

陈何僎（契）王恰

摩崖
40cm × 64cm
黄湾镇龙门峡

宋代
楷书3行
计14字

〔释文〕

陈何僎（契）、王恰①，淳熙六年②三月望日来。

---

① 陈何僎（契）、王恰：生平不详。
② 淳熙六年：宋孝宗己亥年，公元1179年。

费潮黎彤

摩崖
30cm×44cm
黄湾镇龙门峡

宋代
隶书 4 行
计 24 字

〔释文〕

费潮、黎彤、李命，慕容继直、负贲、刘兴仁^①，淳熙辛丑^②南至^③日同游。

---

① 以上人名生平均不详。
② 淳熙辛丑：南宋孝宗八年，即公元 1181 年。
③ 南至：即冬至。《逸周书·周月》："惟一月，既南至，昏昴见，日短极，基践长，微阳动于黄泉，阴降惨于万物。"朱右曾校释："冬至日在牵牛，出赤道南二十四度，故曰南至。"

曹朝黎丹李丙

慕容繼宜省貞

劉興仁淳興全

王宰全口周捲

亡已端月来

使以逢尚差淳民

魯君宋藻元昭少

氣户周用异伯魚

程纂头逆介中旾

十七

程骧少逸

摩崖

53cm × 70cm

黄湾镇龙门峡

宋代

隶书5行

计34字

〔释文〕

程骧少逸①价中、藩弍仁、周用、韩伯鱼、鲁陶、宋藻②。元昭，少逸之姪（侄）商老，淳熙乙巳③端午同来。

---

① 程骧少逸：南宋人，尝官安抚使（明嘉靖《洪雅县志》卷五）。
② 宋藻：字去华，莆田城关人，宋绍兴八年（1138）进士。改邵武军教授，差为福建路转运司干官。后授知漳州，不受。
③ 淳熙乙巳：即淳熙十二年，公元1185年。

十八

李昌图昌龄

摩崖

41cm×66cm

黄湾镇龙门峡

宋代

楷书 4 行

约计 31 字

〔释文〕

　　李昌图、昌龄^①，子姪（侄）大全、大舆、大和，当可同游。□□杜霖来会，淳熙戊申^②三月九日。

---

① 李昌图、昌龄：李昌图（宋楚丘人，国子监博士），李昌龄（御史中丞，参知政事）二人为范仲淹岳伯。与范仲淹岳父李昌言（太子中舍人）兄弟三人，均为应天府书院"七榜五十六"进士之一。

② 淳熙戊申：即宋孝宗十五年，公元 1188 年。

淳熙戊申三月九日

游將杜霖來會

金文輿大和當哥同

李昌圖昌齡子共大

十九

淳熙十有六年
秋七月癸酉

摩崖
68cm×44cm
黄湾镇龙门峡

宋代
隶书 7 行
计 40 字

【释文】

淳熙十有六年 [1] 秋七月癸酉，关正孙，邓谏从 [2]、如虎，陆雾、杨琦，正孙之子长之，孙大昌、大夷、大简，同上龙门。

---

① 淳熙十有六年：即公元 1189 年。
② 邓谏从：宋汉嘉（今四川雅安一带）人，字元卿。范仲黼讲学二江，时二江有九先生之目，邓谏从为其一。曾任黎州通判。
范仲黼，宋代成都华阳人，师承张栻，学者称月舟先生。孝宗淳熙五年（1178）进士，为国子博士，以著作郎知彭州。晚年讲学二江之上，栻教遂大行蜀中。

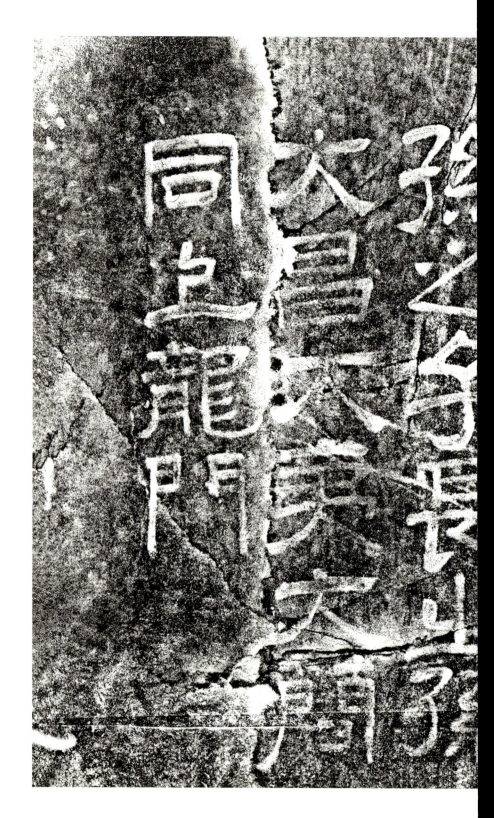

二十

绍熙庚戌九月丁丑

摩崖
230cm × 79cm
黄湾镇龙门峡

宋代
行楷书 28 行
计 273 字

绍熙庚戌①九月丁丑，眉山刘坊、埠、均②来游，赋诗如左。

---

① 绍熙庚戌：绍熙是南宋光宗的年号，庚戌年为公元1190年。
② 眉山刘坊、埠、均：生平不详。

坊

萧萧两峡冷风秋，秋水银河日夜流。

五百年来无李白，与谁乘月弄扁舟。

堰

两山对峙五嶙峋，潭面油□不染尘。

巽（异）境更探还更好，翻疑幽绝太伤神。

飞泉溅沫雪霜寒，神物千秋此地蟠。

直恐洞天浑不远，挐舟更拟近前看。

何年六十驱万鬼，擘开青山放流水。

碧流日夜漱山根，洗出巉巖（岩）成石髓。

天留一罅川潭深，日色不到长萧森。

幽花巽（异）草秀巖（岩）壁，爽气上薄凝清阴。

瀑泉泻破琉璃色，乱雹飞霜倒相射。

叶舟撑过不敢停，凛凛酸风掠肌骨。

摩挲苍玉掬清泠，疑在龙宫水府行。

更行更远益环怪，景象惨淡游人惊。

一坳巖（岩）底沉沉黑，人道十年闷（闭）神物。

欲呼铁笛试吹看，定应石裂鲛人出。

回船却望来时路，地转山藏不知处。

龙卧幽深不可窥，余波流出人间去。

青城道士雲梯羽客

微則瞻清冰彩來

登龍門男子□安子陳

及姪孫渭男

□□待淸□□

二十一
绍熙辛亥上元

摩崖
67cm×43cm
黄湾镇 龙门峡

宋代
行楷书 8 行
计 52 字

[释文]

绍熙辛亥①上元，东皋卢彦德②同三嵋陈咸盛、山宠淞，青城范中立③，浙释徽则、俎清④，泛舟来登龙门。男子大、子及，姪（侄）孙渭、外姪（侄）孙陈□侍行。

① 绍熙辛亥：公元 1191 年。
② 卢彦德：字国华，丽水人，绍兴中进士。两守蜀郡，官至朝请大夫。
③ 范中立：字巨山，青城（今四川都江堰市东南）人。与陆游交友，宁宗庆元五年（1159）陆游跋其家训（《渭南文集》卷二八《跋范巨山家训》）。
④ 释徽则、俎清：生平不详。

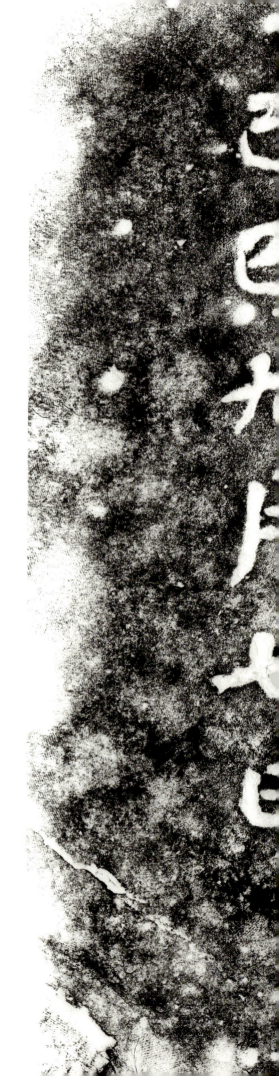

二十二
天台虞万

摩崖
55cm×56cm
黄湾镇龙门峡

宋代
行楷书4行
计27字

【释文】

天台虞万^①、金华王观之东归来游，华山吴震偕至。嘉定
己巳^②九月七日。

————————————

① 天台虞万：生平不详。
② 嘉定己巳：南宋宁宗二年，公元1209年。

天台虞萬金華主
觀之東歸東游華
山喜震偕至喜嘉定

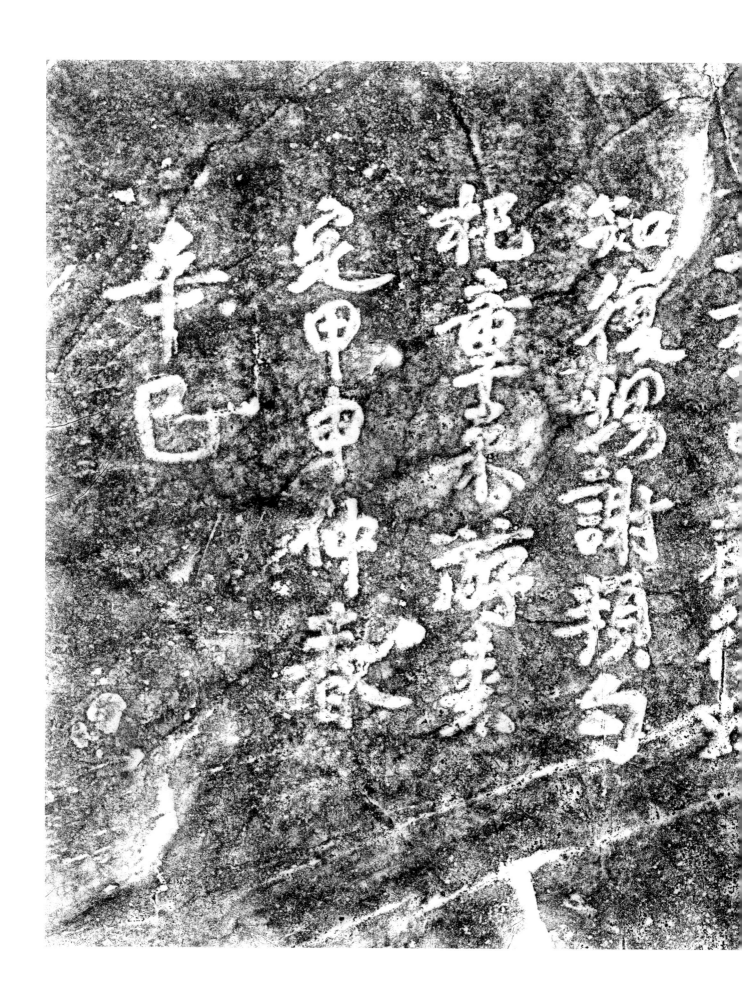

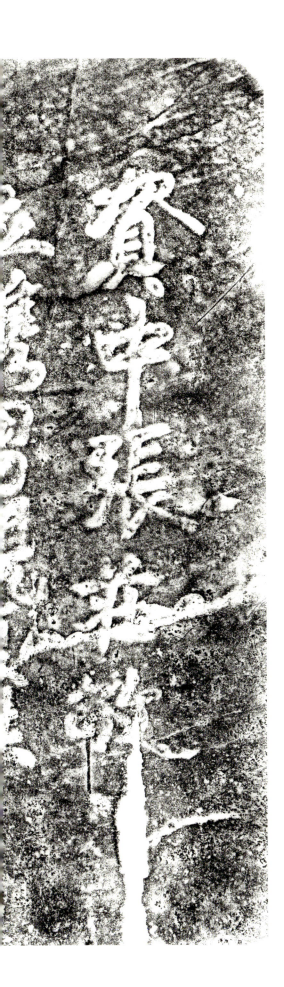

二十三

资中张庄敬

摩崖
98cm×86cm
黄湾镇龙门峡

宋代
行楷书6行
计29字

[释文]

资中张庄敬[1]竝(并)携男观复、姊(侄)知复，甥谢頍(泮)匀、杞童来游。嘉定甲申[2]仲春辛巳。

———————————————

[1] 张庄敬：生平不详。
[2] 嘉定甲申：南宋宁宗十七年，即公元1224年。

二十四

邑令杨仪思

摩崖
35cm × 75cm
黄湾镇 龙门峡

宋代
楷书 2 行
计 20 字

〔释文〕

邑令杨仪思拉眉山杨济川、苏叔兰 ①，以 ② 宝庆丙戌 ③ 来。

---

① 杨仪思、杨济川、苏叔兰：生平不详。
② 以：在，于，表示行动的时间、处所或范围。《史记·孟尝君列传》："文以五月五日生。"
③ 宝庆丙戌：南宋理宗二年，公元 1226 年。

邑令楊儀思拉眉山楊渫
川蘇叔蘭汉室慶雨戲求

二十五

普慈冯器之

摩崖

37cm×114cm

黄湾镇龙门峡

宋代

隶书 3 行

计 49 字

【释文】

　　普慈冯器之^①携家拉亲友邓元善、辛庭傑（杰），游五寺，上龙门，尽峩（峨）山之胜。有徘徊不忍去之意焉。嘉定壬午^②□元□三日，中峰坚俱。

———————————

① 冯器之：生平不详。

② 嘉定壬午：南宋宁宗十五年、公元 1222 年。

游豆寺上龍門

二十六

嘉定甲申季春七日

摩崖
25cm×38m
黄湾镇龙门峡

宋代
楷书4行
计32字

【释文】

　　嘉定甲申^①季春七日，豫章范季克^②来游。偕行吕彦谟、张晦父、涂恭父、蒲季仁、张伯学。

---

① 嘉定甲申：南宋宁宗十七年，公元 1224 年。
② 豫章：江西南昌的古称。范季克，生平不详。

嘉定甲申春李□此
禄□□立□□□□□
□行□□□諸張□歸□
□□□□□仁張行業

二十七

触暑同游

摩崖
72cm×106cm
黄湾镇龙门峡

宋代
行楷 8 行
约计 66 字

[释文]

济川题

触暑同游记我曾，从来三级要三登。扣潭□（自）□（有）龙神约，借得风雷便奋兴。

眉山杨济川、杜南叔同郡人杨孟存、孙叔庄，杨君美、君亮，张善父[1]再以，绍定癸巳[2]莫（暮）春来。

----

① 以下人物生平均不详。
② 绍定癸巳：即南宋理宗绍定六年，公元 1233 年。

二十八
嘉熙戊戌

摩崖
75cm×97cm
黄湾镇龙门峡

宋代
行楷 6 行
计 38 字

【释文】

　　嘉熙戊戌^① 五月不雨。平乡张东寅^② 叔泰，自净光徕（来）拊此石。举酒酹老龙而起之，同来青莲、应法、华传。

---

① 嘉熙戊戌：即南宋嘉熙二年，公元 1238 年。
② 张东寅：生平不详。

碑之間來青蓮應而廩

此酒春龍興而起

目淨先徐樹興石府

平鄉張東寅叔來

嘉熙戊戌青月雨

二江宇文大鈞拉三峽

迢應龍子辰楊朝宗眉

茲延良洪川鈺于起

人文　龍

文求迸　應党礼應侍仲

嘉縣戌閏四月丙寅

二十九

二江宇文大钧

摩崖
62cm×92cm
黄湾镇龙门峡

宋代
楷书6行
约计50字

〔释文〕

二江^①宇文大钧拉三峨赵应龙、子辰，杨朝宗、眉山王遂良、洪川鲜于起、□人文起龙、□池刘仲文来游。弟应老、祖应侍。嘉熙戊戌^②润四月丙寅。

---

① 二江：指四川境内之郫江、流江（或检江），借指成都一带。《史记·河渠书》："蜀守冰凿离碓，辟沫水之害，穿二江成都之中。"晋左思《蜀都赋》："带二江之双流，抗峨眉之重阻。"
② 嘉熙戊戌：即宋理宗嘉熙三年，公元1239年。

三十

一道清溪暎（映）白沙

摩崖
18cm × 86cm
黄湾镇龙门峡

明代
楷书 2 行
约计 30 字

〔释文〕

一道清溪暎（映）白沙，乱云堆里足生涯。龙门深锁无人到，碧玉潺湲有落花。陈鎏①。

① 陈鎏（liú）（1508—1575）：字子兼，别号雨泉，吴县（今江苏苏州）人。明代官吏、学者、书法家。嘉靖十七年（1538）进士，除工部营缮主事，累官至四川右布政使。诗文冲远有致，书法尤精绝，工小楷，出入钟、欧。著有《己宽堂集》。

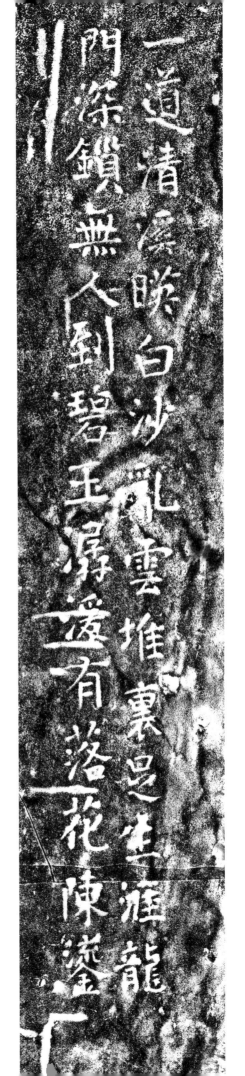

一道清溪暎白沙
風雲堆裏思生涯
門深鎖無人到碧玉浸邊有落花
陳遵

四月廿

安王列

蘇陳雨白

谷龍

淵來

三十一

嘉靖□□四月

摩崖
45cm × 56cm
黄湾镇 龙门峡

明代
楷书 5 行
约计 20 字

〖释文〗

嘉靖□□四月廿□□，□安王列□、□苏陈雨泉①、成都谷龙渊②来。

---

① 陈雨泉：即陈鋆。
② 谷龙渊：生平不详。

三十二
龙光

摩崖
145cm × 86cm
黄湾镇龙门峡

明代
楷书 4 行
字径 40cm
计 21 字

【释文】

　　大明嘉靖庚子^①冬吉。龙光。知峨眉县事，梧冈王鸣凤^②书。

---

① 大明嘉靖庚子：即明代嘉靖十九年，
　公元 1540 年。
② 王鸣凤：字梧冈，明嘉靖年间进士，
　曾任峨眉县令。敢于去除烦捐苛税，
　兴修水利。

大明嘉靖乙卯之秋

三十三

飞瀑

摩崖

120cm×84cm

黄湾镇 龙门峡

明代

楷书 4 行

计 14 字

〔释文〕

飞瀑

知安塞县，邑人松涧尹宗吉[1] 书。

---

[1] 尹宗吉：峨眉人，贡生，尝官陕西安塞县知县。于明正德十四年（1519）参与纂修《峨眉县志》。今存康熙二十四年（1685）刻本，藏于国家图书馆。

继先登地

摩崖
60cm×96cm
黄湾镇龙门峡

明代
楷书8行
计92字

〔释文〕

继先登地

嘉靖乙巳^① 春，司徒郎松岗公高世贤^② 偕男学博（博），俗（备）菴（庵）公高尚、金宪，益菴（庵）公高光^③ 游。

迨万历癸巳^④ 冬孙高用梅^⑤、用楫、用极，率子高惟崑（昆）、惟嶽（岳）、惟峘、惟崝、惟峰、惟嵘、惟嵚、惟屿、惟峤、惟崧，孙高思谦、思益、思云、思宪、思碻、思源、思洛，重登龙门。

---

① 嘉靖乙巳：明代嘉靖二十四年，即公元 1545 年。
② 高世贤：1482—1548，峨眉县人，字希哲，号松岗居士，高光之父。
③ 高光：峨眉本邑人，《峨眉县志》载其为嘉靖甲辰（1544）联捷（连中三元）进士，官至云南按察金事，有文章《山潮记》和《新堰记》存世。
④ 迨万历癸巳：迨，等到。万历癸巳，即公元 1593 年。
⑤ 高用梅：以下人等，生平不详。

繼　先　螽　地

嘉靖乙巳春□司徒郎松阔公

髙世顕□□□博偹春公髙

向愛□孝□髙光进迫萬

厯癸巳冬孫髙

極寧子髙惟覚惟嶽梅惟

峻惟嶧惟嵥惟嵕嶠惟

惟崧孫髙思謨思益思雲思

憲思碓思原思重輋龍門

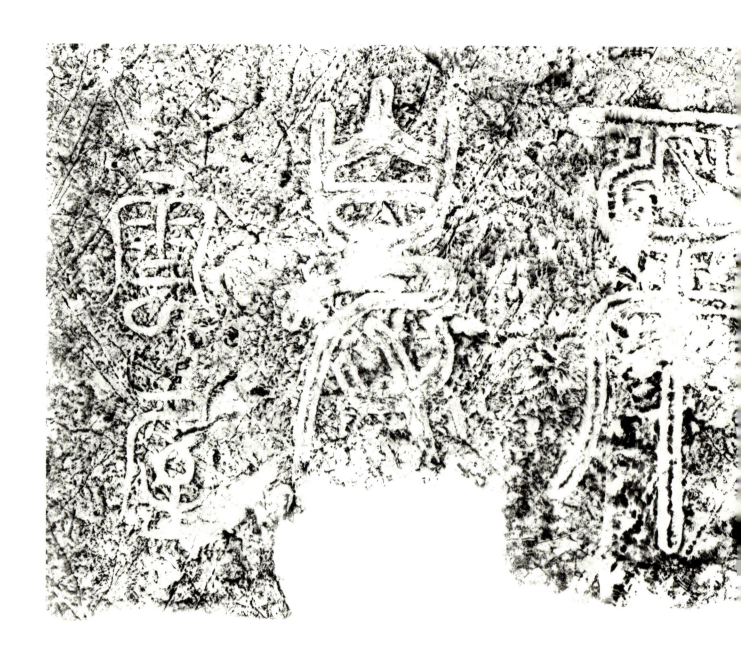

三十五

少我不导（得）

摩崖
202cm×80cm
黄湾镇龙门洞

明代
篆书5行
大字直径68cm
计6字

少我不导（得）。云屋。

三十六
游龙门洞

摩崖
202cm×80cm
黄湾镇龙门洞

明代
行楷书16行
约计80字

【释文】

游龙门洞

漱石攒云开两峡，飞泉
喷雪泻银河。龙门鱼跃今犹
在，拭看英雄起夺科。

梧冈王鸣凤同拙斋张凤
翔、松涧尹宗吉，生员程
珊①、周林、冯政汉、杨□□、
尹常真、何□畏、□□、张
□□同游。石匠赵永富、周□。

---

① 程珊：以下人名，生平均不详。

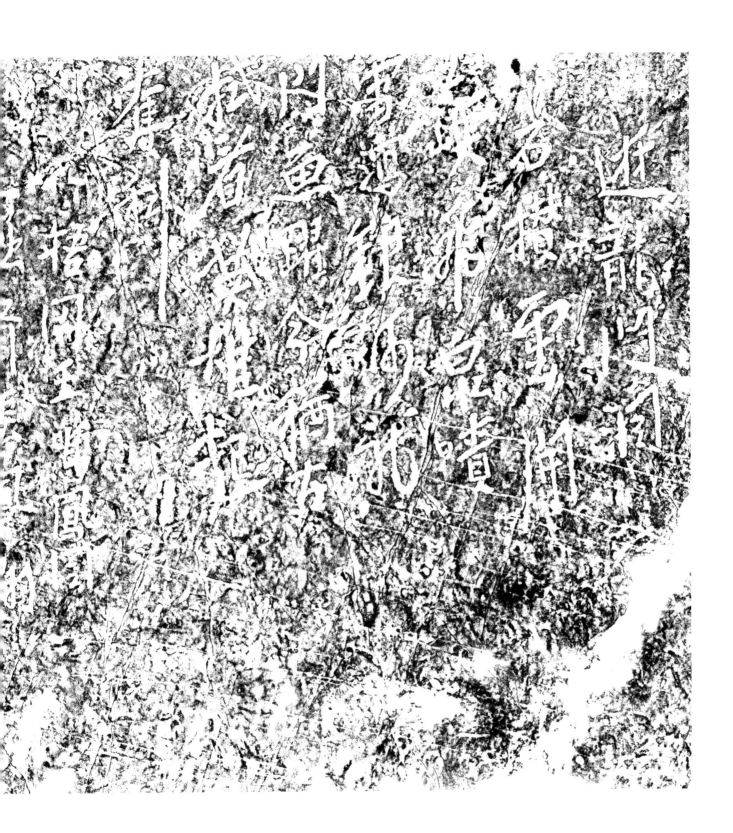

三十七

万历乙亥秋

摩崖
40cm×90cm
黄湾镇龙门洞

明代
楷书 4 行
约计 30 字

〔释文〕

万历乙亥 ① 秋，邑人苟延嗣 ②、延世、延会，高常、用梅、用楫、用极，王东周、沈崑（昆），从囗屋游。

---

① 万历乙亥：明代万历三年，公元 1575 年。
② 邑人苟延嗣：以下人名，生平均不详。

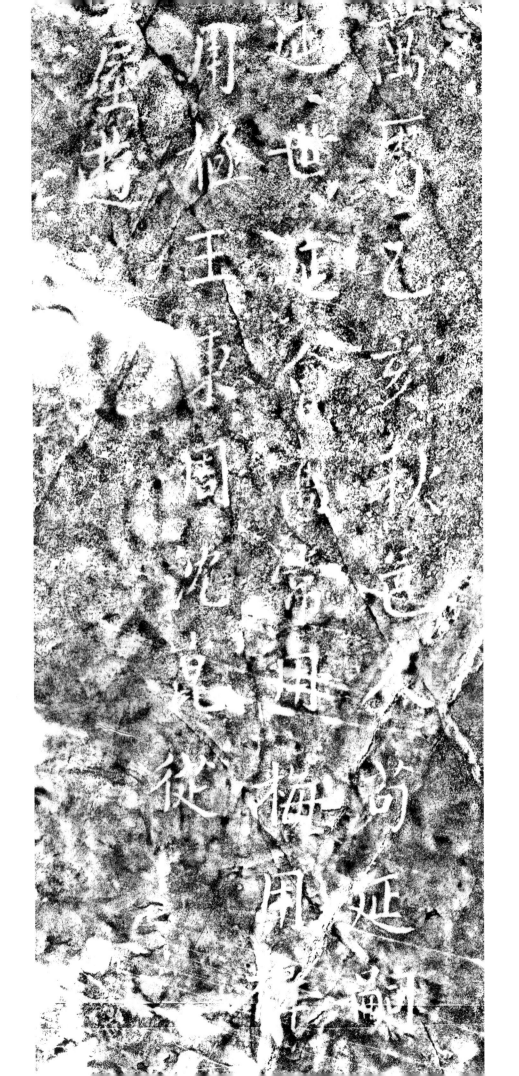

三十八

怀安史君度公
龙门留题

摩崖
65cm×53cm
黄湾镇龙门洞

年代不详
行楷书9行
七言律师一首有残缺
约计76字

〖释文〗

怀安 ① 史君度公龙门留题

雪汁交溶绿涨回，□（渊）停谷邃 ② 隐风雷。

两崖欲合天心露，一溜潜通地脉开。

已蹑云梯穷洞府，更浮烟艇略嵒（岩）限。

只愁唤起溪翁去，一过溪翁定一来。

嘉定府峨眉县尉樊庚 ③ 上。

---

① 怀安：今河北石家庄怀安县。

② 谷邃：即邃谷，幽深的山谷。

③ 樊庚：生平不详。

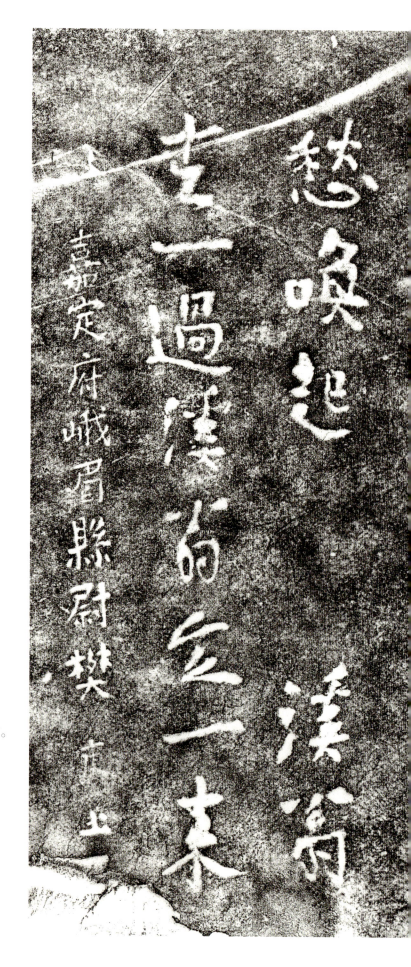

懷安恭惠公龍門留

雪汁交溶絑漲回□

傳谷邃隱風雷兩崖

欲入含天心露一溜淇潼

地脈開已躋雲梯窈洞

府史浮溢坐飛略岩展口

三十九

练瀑飞珠瞰大渊

摩崖
93cm×103cm
黄湾镇龙门洞

明代
楷书8行
计64字

[释文]

练瀑飞珠瞰大渊，藤萝路隔只朝烟。剖开碧玉几千嶂，削就丹丘尺五天。岛上吹箫疑此日，洞中叱石竟何年。岣嵝影响寻奇篆，醉得茹芝龙枕眠。

嘉州刺史方孔炤[1] 题。

---

[1] 方孔炤：1590—1655，字潜夫，号仁植，安徽桐城凤仪里（今桐城市区北大街）人，明末大臣、易学家，方以智之父。明神宗万历四十四年（1616）进士，授嘉定州知州，累官至湖广巡抚。著有《周易时论》《尚书世论》等。

四十

崇祯壬午秋月

摩崖
42cm×64cm
黄湾镇龙门洞

明代
楷书 5 行
计 40 字

【释文】

　　崇祯壬午^①秋月，水部尚书郎豫章熊汝学、孝廉夜郎沈奕玮，同雪眉禅师^②来游。时江夏刘相可，贤令尹也。

---

① 崇祯壬午：即明朝崇祯十五年，公元 1642 年。
② 雪眉禅师：1588—1656，明代得道高僧，原名读彻，字见晓，后改为苍雪，号南来。

崇禎壬午初刈水部尙
書即豫章陶能以寧字
廉夜即沈亦遊時江貞雪
君禪師未遊時江貞
劉相可貢人令是也

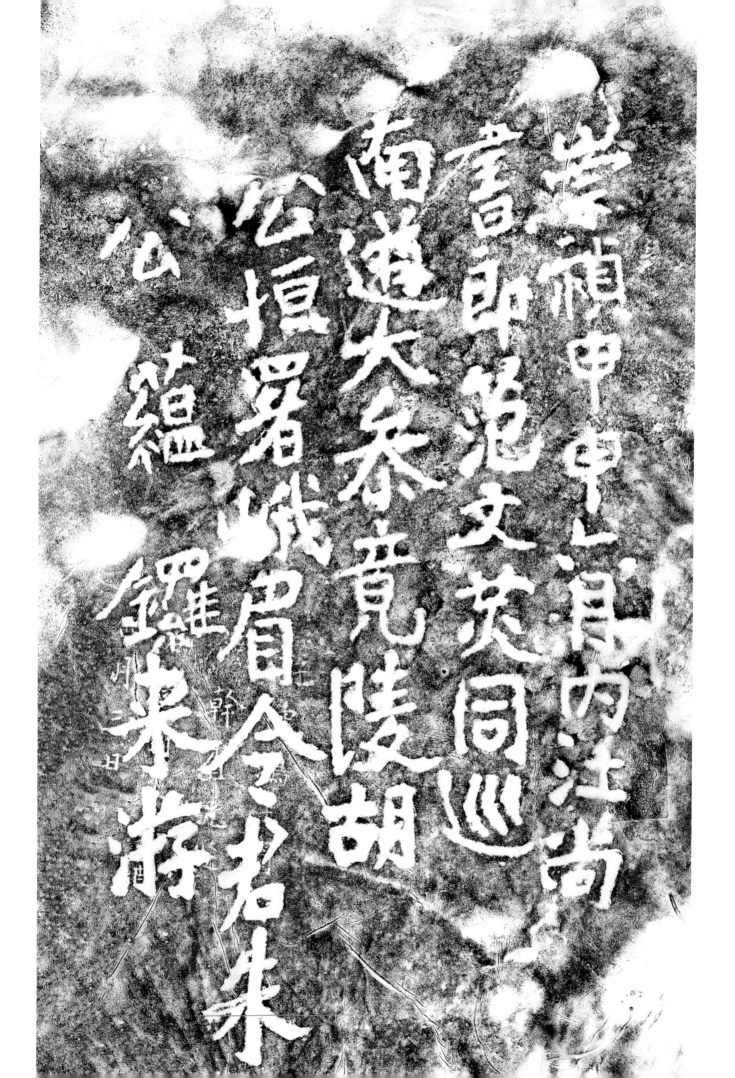

嘗頫申申二月内注尚
嘗即鴞范文英同巡
陶道失余寬陵胡
公桓署城眉令君来
公緼鑷未游

四十一

崇祯甲申六月

摩崖

60cm×97cm

黄湾镇龙门洞

明代

楷书 5 行

计 36 字

〔释文〕

崇祯甲申 ① 六月，内江尚书郎范文芠（光）②，同巡南游。大叅（参）③ 竟陵胡公恒、署峨眉令君朱公蕴锣来游。

---

① 崇祯甲申：明朝崇祯十七年，公元 1644 年。

② 范文芠（光）：字仲暗，四川内江人，《明史》有范文光的传记。明末暂居在今洪雅县花溪镇，特别喜欢峨眉山，有诗句："瓦屋峨眉俱历过，满头风雪当游山。"为峨眉山闻达和尚建立的净土社，撰写《续莲社序》。

③ 大叅（参）：布政司参政。

四十二

潮音

摩崖
53cm×35cm
黄湾镇 龙门洞

明代
楷书 5 行
约计 10 字

【释文】

甲申。潮音。仙井陈

士奇[1] 书。

---

[1] 陈士奇：1587—1644，字
弓甫，号平人，福建漳浦人。
明朝天启五年（1625）进士，
1642 年官至四川巡抚。

四十三

道人夜诵

摩崖
30cm × 62cm
黄湾镇 龙门洞

年代不详
行楷书 4 行
约计 32 字

【释文】

道人夜诵珠蕋（蕊）经①，老龙下听云冥冥。黄雀（鹤）飞时山月小，玄猿啼处春潭暝。

黎景□（蒙）②。

---

① 珠蕋（蕊）经：即蕊珠经，道教经籍名。蕊珠宫是神仙居所。《黄庭内景经》记载有"太上大道玉晨君，闲居蕊珠作七言。"大道君（灵宝天尊）居住的宫殿。唐人鲍溶有《寄峨眉山杨炼师》诗："道士夜诵蕊珠经，白鹤下绕香烟听。夜移经尽人上鹤，仙风吹入秋冥冥。"

② 黎景□（蒙）：作者及年代不明。

第四章

神水阁景区

四十四

大峨

摩崖

340cm × 136cm

黄湾镇神水阁

宋代

楷书 2 行

字径 120cm

共计 2 字

〖释文〗

大峨。①

———————————

① 大峨：即峨眉山，"大峨"二字，笔力雄健，传为吕洞宾手迹。

四十五

神水

摩崖
267cm×140cm
黄湾镇神水阁

明代
楷书 4 行
"神水"字径 60cm
上下款有漫灭
约计 21 字

〔释文〕

都御史眉山张景贤书[1]。

神水[2]。

嘉靖乙丑四月十八日刻[3]。

---

[1] 张景贤：明朝眉州（今眉山县）
  人，嘉靖十七年（1538）进士。
  民国《四川通志》有传，其性豪
  爽，喜谈军事。曾备兵洞庭，解
  散群盗。倭寇犯境，景贤迎战于
  南通狼山，大捷。明世宗赐金帛，
  擢为右佥都御史。后得谤，卸职
  闲居。其书法绝妙，诗文亦佳，
  惜多散佚。

[2] 神水：峨眉山有神水阁，为明万
  历末年改建为庵。前有清泉出于
  石下，终年不涸，僧谓之"神水"，
  庵名"神水阁"。相传春秋时楚
  狂接舆在此隐居，精诚动天，仙
  女为之引瑶池玉液而饮，故称神
  水泉。

[3] 嘉靖乙丑：即明嘉靖四十四年，
  公元 1565 年。

那郡夫扁山□水家督署書

四十六

凤谷

摩崖
65cm × 89cm
黄湾镇神水阁

年代不详
楷书 2 行
"凤谷" 字径 40cm
计 7 字

【释文】

凤谷 ①。

南阳崔栋书 ②。

---

① 凤谷：凤凰来仪之谷，谓风景优美、吉祥之地。
② 南阳：今河南南阳市。崔栋，生平不详。

鳳

南陽進楊書

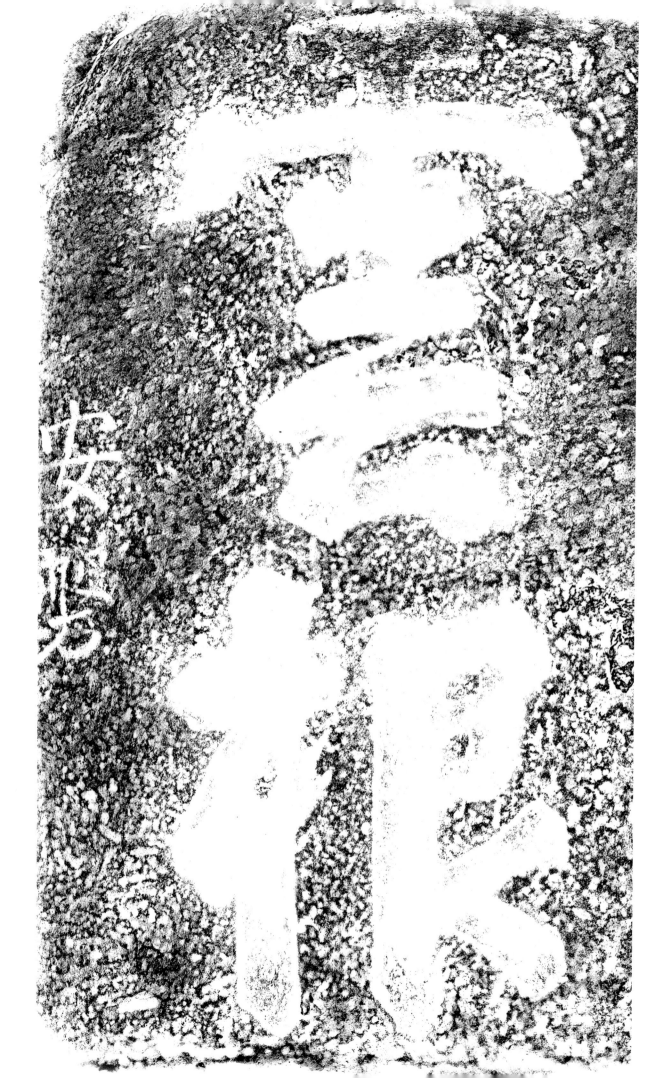

四十七

云根

摩崖
65cm×89cm
黄湾镇神水阁

明代
楷书2行
"云根"字径40cm
计4字

〖释文〗

云根①。
安磐②。

---

① 云根：指深山云雾升起之处，亦为云游僧道歇脚之地。
② 安磐：明代嘉州（今乐山）人，弘治十八年（1505）进士，正德年间，曾任吏、兵部
等给事中，"嘉定四谏"之一。

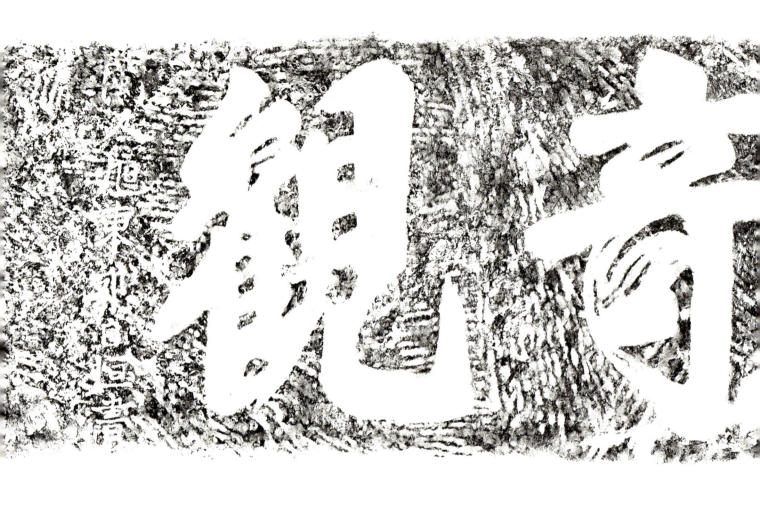

四十八

开辟奇观

摩崖
250cm × 69cm
黄湾镇神水阁

明代
楷书6行
大字字径40cm
约计15字

释文

万历辛□□①。

开辟奇观②。

闽人旭东郭日恒③书。

———————————————

① 万历：明代万历年。辛□，似应为辛卯年，即公元 1591 年。
② 开辟：开垦、开创。奇观：罕见的景象，奇异少见的事情。
③ 郭日恒：生平不详。

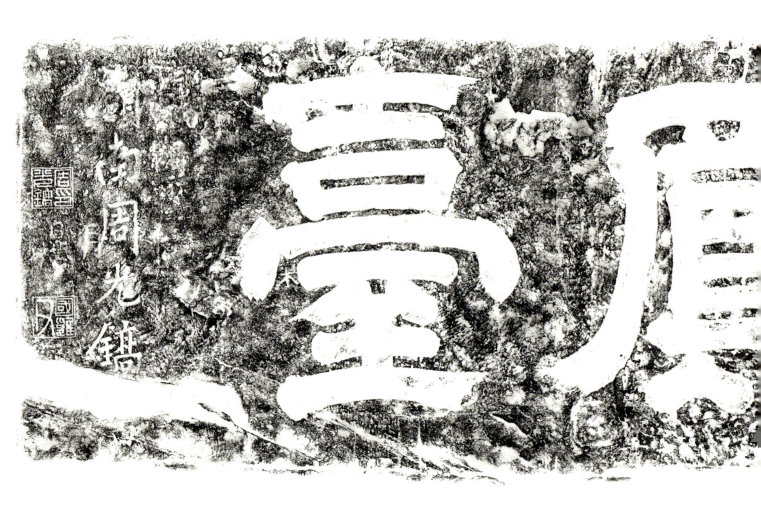

四十九

楚　歌凤台

摩崖
280cm × 84cm
黄湾镇神水阁

明代
楷书 7 行
"歌凤台" 字径 60cm
计 27 字

大明嘉靖四十六年^①岁在丁卯春正月吉旦。

楚。

歌风台^②。

岭南^③周光镐^④书。

---

① 大明嘉靖四十六年：公元1567年。

② 歌风台：在今峨眉山大峨寺左，又称凤嘴石。传为楚人陆通隐居处。清乾隆版《峨眉县志》载："宋太史黄鲁直、苏明允尝著书中峰，易此为歌风台。""歌风台"三字刻于原"楚狂□□"石上。

③ 岭南：指南岭以南的两广地区。

④ 周光镐：字国雍，明朝潮州府（今汕头市）人。隆庆五年（1571）进士，历南京户部、吏部主事、郎中、四川顺庆府（今南充市）知府，万历二十一年（1593）加都察院右都御史衔，任宁夏巡抚。万历二十四年（1596）辞官回乡，从事地方公益活动，并授徒讲学。汕头市有一处明代古建筑——缵绪堂，亦被称为周光镐纪念馆。

五十

中和

摩崖
415cm × 180cm
黄湾镇神水阁

明代
楷书4行
计16字

隆庆五年^①春吉日。

中和^②。

赐进士云屋高光^③。

---

① 隆庆五年：即公元1571年。

② 中和：中正和谐。

③ 高光：峨眉人，字子让，嘉靖甲辰（1544）联捷（连中三元），官至云南按察佥事。

五十一

神水通楚

单碑

56cm × 107cm

黄湾镇神水阁

明代

楷书 3 行

约计 20 字

〖释文〗

楚江夏代峨粮养所龚廷试 ① 立。

神水通楚 ②。

天启陆（六）年 ③。

---

① 龚廷试：生平不详。

② 神水通楚：相传隋代高僧智顗在峨眉山修行，每日用神水烹茶诵经。之后到湖北江陵
玉泉寺，仍不忘峨眉神水。一日，有仙姑告诉他：明日在寺外玉泉边取峨眉神水。智
顗不信，说："姑娘能把我留在峨眉山的钵盂和禅杖取来，我就相信。"第二天，智顗来
到玉泉边，果然看见禅杖和装满"神水"的钵盂，于是就用神水烹茶，因而有"神水
通楚"之说。

③ 天启陆（六）年：天启是明朝熹宗朱由校的年号，天启六年即公元 1626 年。

神水通

五十二

玉液泉

摩崖
65cm×129cm
黄湾镇神水阁

明代
楷书 2 行
约计 9 字
落款漫灭，作者不详

〔释文〕

大明弘治□年。

玉液泉[①]。

①　玉液泉：位于峨眉山神水阁前，以一潭碧泓悦人，以奇绝水品称雄，被称为"第一泉"。

漱流枕石

摩崖
70cm×175cm
黄湾镇神水阁

明代
篆书 1 行
约计 4 字
双钩线刻
落款漫灭，作者不详

〔释文〕

漱流枕石^①。

---

① 漱流枕石：出自南朝宋刘义庆《世说新语·排调》："孙子荆（孙楚）年少时欲隐，语王
武子（王济）当'枕石漱流'，误曰'漱石枕流'。王曰：'流可枕，石可漱乎？'孙曰：'所
以枕流，欲洗其耳；所以漱石，欲砺其齿。'"

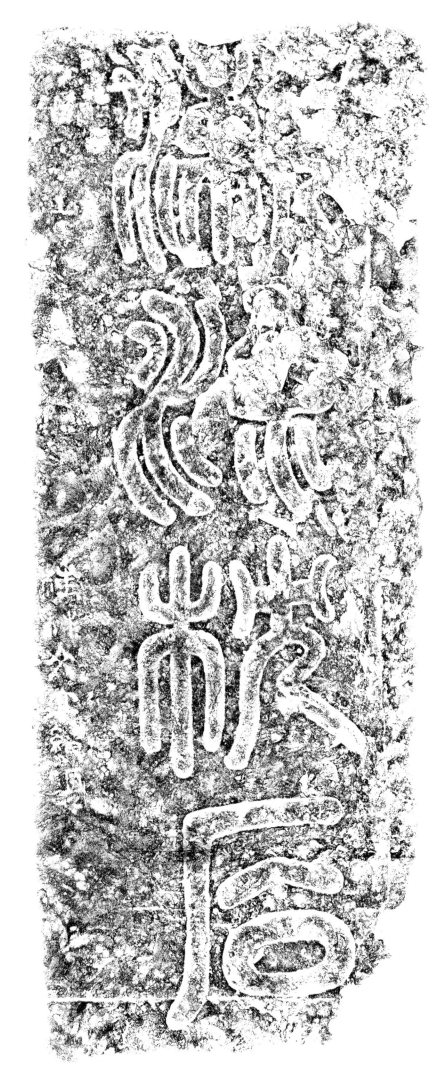

五十四

为圣来仪

摩崖
225cm×67cm
黄湾镇神水阁

明代
双钩线刻楷书 4 字
楷书 7 行
约计 50 字
落款文字有漫灭

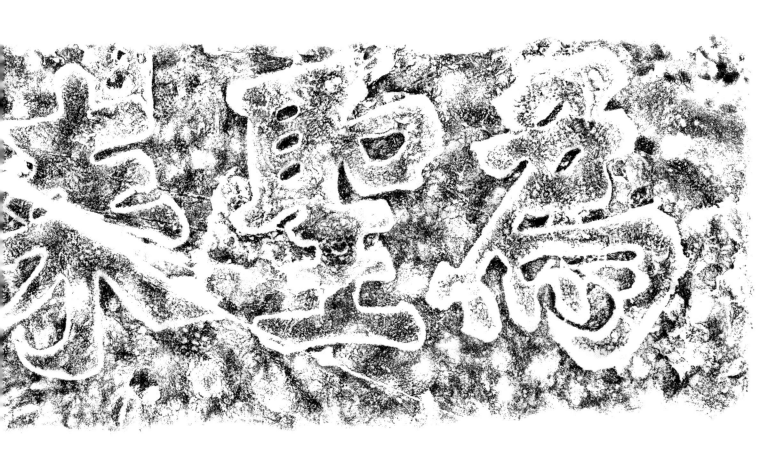

〖释文〗

为圣来仪①。

同人结社②老岩阿，呼应翮翮意气③多。

为圣自来仪作瑞，啸声岂以德为歌④。

万历戊戌⑤仲冬兵□（部）左给事中内□□□。

张应⑥登之并书。

---

① 为圣来仪：为圣：这里是指学问与事业的崇高追求。来仪：谓凤凰来舞而有容仪，古人以为瑞应。 语出《尚书·益稷》："箫韶九成，凤凰来仪。"孔颖达疏："箫韶之乐作之九成，以致凤凰来而有容仪也。"后因用以代称凤凰，比喻杰出人物的降临，或喻爱慕之人的来临。

② 同人结社：同人指同事或同行仁德之人；结社，指组织团体活动。

③ 意气：这里指志趣、性格相投。

④ 德为歌：古语言，孝为人之本，德为孝之先。这里指为官德为先之意。

⑤ 万历戊戌：即公元1588年。

⑥ 张应：生平不详。

五十五

增修古大峨寺记

单碑
94cm×177cm
黄湾镇神水阁

清代
楷书22行
约计910字

碑文四周环绕有阴
刻云水纹

〖释文〗

增修古大峨寺记

大峨乃愿王□祀所也，伯仲昆崙（仑），属震旦第一，名胜海内，朝礼者岁无虚日。厥[①]山之年，嵌岩崱屴[②]，绚碧排青，巨石盘错，古致伦脊[③]，泉声涓飞，滃然泻出于石罅间。莫穷其所自，志所称玉液池者是也。池畔有石，以"大峨"名。昔图南陈先生书"福寿"字，银钩铁划，仙气灵动，识者作龙蟠玉柱，鹤踏芝田，想隆万代。性天上人因之建刹，维时雅称观止，继厄沧桑，竟为岑蔚[④]。数十年间惟树带啼猕，云迷榛楛[⑤]已耳。

我朝定鼎治教，翔洽[⑥]名山，起色古蹟（迹），渐复禅衲智行耳。为薙艸（草）[⑦]开林，建竖一庵。虽规模粗具，而大峩（峨）寺面目幸得再见矣。余壬申夏，钦奉简金[⑧]分镇峩（峨）边，此山在辖内切近，应得阅历一过。是岁秋中，由化龙登伏虎，经华严蹑纯昜（阳）大仙地，心目所寄，应接不暇。信步以上，跻大峨石，觉真境现禅，神怡心旷，徘徊不忍去，迺（乃）喟然曰，噫，余之志此久矣！忆余守楚远安，其地有清溪，盖古智者禅师行道处，厥溪泉

---

① 厥：代词，其。
② 嵌岩崱屴（zè lì）：嵌岩，指峻险的山岩。"崱屴"同"屴崱"，形容山峰高耸。唐元稹《寄吴士矩端公五十韵》："隐笑甚艰难，敛容还屴崱。"
③ 伦脊：道理；条理。语本《诗经·小雅·正月》："维号斯言，有伦有脊。"
④ 岑蔚：是形容草木茂密。
⑤ 榛楛：榛，榛树；楛通"枯"，枯槁。
⑥ 翔洽：即上下祥和融洽。
⑦ 薙艸（草）：除草，割草。
⑧ 简金：即金简，指帝王诏书。

鈞太珠名荅圖南陳先生書福建字銀鈞遠刻畫

瀘桑淼鸞峯蔚數千年間惟樹帶啼猻遠棲

庵雖挹摸粗具而太嵗寺間日宯得毋見失余

偉經華嚴躃總塲大偃地恣目所嚮應接不暇

守楚遠安其地有清雲益告嶺者釋師行道遠

靡邑請号曰履其地郷其勝者兆人在未快事

間境前人所紀靡疑兵妙之天浪郎龗辞遍

者乾果何修而審復戒也即然迄之前

者僧智行號守恒者堅力佽持可與共莊嚴

庀增將擴其舊趺構大樓五間更為莊嚴嫟顅

祝釐

香而皎洁，迥（迴）出百汇。遗碣述云，龙女自大峨神水为智者渡钵杖至此。于时窃驰溯靡，已谓曷日[1]履其地，靓（睹）其胜，岂非人生大快事。然而未敢，必今何幸，亦既观止也耶。皋然远眺宝掌、玉女诸峰，绵亘周匝，固天造地设，非人间境。前人所纪，灵凌太妙之天，良匪诬者。为问陆通唧（衔）帻之地，歌凤遗响如闻，及寻子陵读书之区，听泉高风，若遘畴昔，所愿望而不可必者，兹果何修而实获我心也耶。然游而乐之，过而望焉，余之游亦偶耳。适见寺前，硚（桥）台阶砌，形势弘敞，尽属旷址，良堪太息，因有增修志。幸著僧智行，号守恒者，坚力修持，可与共勘厥，举环询之庶官，语之士卒，咸唯必发大欢喜心。益以守土贤侯同事诸君，悉乐济其美，爰鸠庀增修，扩其旧跡（迹）。搆（构）大楼五间，更为庄严愿王法像，鸟翚壮丽，金彩辉煌，不数月而观成。易庵为寺，仍其大峩（峨）之名，永作峩（峨）营香火，上以祝釐（厘）国祚遐昌，□（下）托庇荫，边匪安靖云尔。行迺（乃）为余曰：兹刹也，肇蹟（迹）于图南[2]，经始于性天，克广于王公廷简，迄今百余年，又得复起于我公。昔人言：地有其遇，人与地之遇亦有其时，岂其然乎。请寿石以垂不朽。

余曰：否否，渺兹偶然事，何足缉美于廷简诸君子乎，行固请不能却勉，如其说贞珉以扩其始末，並（并）以誌（志）游览之缘。至于崇修光大，俾万亿禩（祀），功果无疆，则自有后戒禅身，振象教力之，君子谓筱鋂以劝来者，余则何敢。

分守四川峩（峨）边营兼辖嘉眉等处地方，功加左都督管游击事，仍带余功，纪录三次。

李祯，从男国学生为楫、为霖、为梅。

都司金书管峩（峨）边营中军守备事翟时行。

左哨千总袁天纵，左司把总张得胜。

右哨千总刘应选，右司把总林高陞（升）。

文林郎知四川直隶嘉定州峩（峨）眉县事翟庸、儒学教谕王鼎、训导彭铎，典史彭元吉。

大清康熙三十二年[3]秋七月既望立。

---

① 曷日：何日，何时的意思。
② 图南：典出《庄子》，指大鹏南飞，用以比喻人的志向远大。
③ 康熙三十二年：即公元 1693 年。

行號守恒者旦力化并西真共
擴其舊跡構大樓五間更為莊
天克蒙於王公廷爵迄今百餘
偶然事何足穪美於廷爵諸君
自有後哉禪那象教為之君
錄三次李碩從[illegible]男[illegible]國學
軍宋備事翟時行

名書圖南陳先生書磚字銀
為嵒蔚數十年閒惟樹帶嵫孫
棋粗旦而太眾寺酒曰室行母
嚴躡總賜大偈地心目所寄應
朝男曰履其地有清玄盍窅齊師
入所紀寧事凌夾夾劫其腑兆兆火五
即而審復我然迭耶然迭而

五十六

永镇碑

单碑

93m×172cm

黄湾镇中峰寺

清代

楷书 24 行

约计 950 字

永镇碑

案奉①

四川嘉定府峩（峨）眉县正堂随带加二级、纪录四次、记功二次、又军功一次刘批准竖碑，永镇警后。

峩（峨）之山乃四大之一。中峯（峰）名者，因寺遇（周）围有峯（峰），而此峯（峰）独居于中，故名中峯（峰）寺也。创自晋朝，重建唐宋。其间又出有名师，先如淡然，后若明果②。此所谓人傑（杰）地灵，以致历代帝王屡行勅赐尊崇也。

然兴极废至，败去成来，此天地迭运，人事之转移，每有然矣。此寺原无田业，仅有山场地土、茶株不过採（采）摘取租，以为每年焚献之需。僧性阔与性聪原属道朋，聪居左廊，阔居右廊。其山场地土各有攸归。不意聪不守清规，将迴（回）龙山、牛掉尾一派山场地去私卖与王清誌（志）、李世珩。串名王李良去讫③。阔上欲培补三宝，下体先人德义。爰是于乾隆三十五年间，伸鸣④于中，獘（弊）害荷护。

县呈刘当堂审讯，见聪所卖之银二百七十五两，已经花费。命性阔出银照数赎取。将所取回之山场地土归併（并）性阔管业。令逐性聪还俗，永不得住寺，粘染寺土。已经立案存衙。阔恐后代僧众相踵而出，亦有不法或当卖寺土，令后之肖者，秉公逐出，一以使三宝有培，名山无玷。而后世得警矣，故以碑为记。

一呼应庵古钟一口，乃张应祥将钟毁坏（坏）。有生口角，以至争讼，告诉在案。蒙批万年寺等三处，理论和息⑤。 但为古钟有呼应庵山场茶薗（园）地土，记铸钟上。请凭众将碎钟攒拢，把钟文腾录交与正宝收存，即如钟在其山场茶薗（园）。大界例于后：前抵川水洞为界，后抵于宝掌峯（峰）黑腰岩，直上大尖峯（峰）总岗为界。左抵红岩漕直下河，沿河直川水洞为界。右抵响水河，以河直下，穿水洞交界。其大界俱明，界内小界未载。

一、性阔赎回。（买卖清单略去）

乾隆三十七年⑥五月十五日竖。

吏员张主烈书。

---

① 案奉：旧时公文中引述上级官署来文的起头用语。
② 淡然：南朝梁武帝时的一名将军，俗姓林，中峰寺出家为僧，法号淡然。僧明果，晋朝四川资州人，中峰寺创建者。
③ 串名：即窜名，谓以不正当的手段名列其中。去讫：完结，完毕。
④ 伸鸣：大声呼吁。荷护：佑护。
⑤ 和息：指调处和解，以息争讼。清代虽然规定禁止私和公事，特别是命案和奸情案件更禁止民间私自和解，但对户婚、田土、钱债等民事诉讼和轻微的刑事案件，却广泛使用调处的方式解决纠纷，以减少讼案。
⑥ 乾隆三十七年：即公元 1772 年。

永鎮碑

為古鐘有□應瘞山場茶園地土記鑄鐘上

漕直正河沿山場□大界例於後前抵川為□洞水洞河直川水洞□為界右抵嗚水掉

性潤瞭回性聰賣興祭世珎□□勢坐落半通

性潤瞭回馬先良明一勢勢山場□坐落白菓價

性潤瞭回李成明一勢山場一□坐落寺園實

性潤瞭回特海一勢會司廣見諸山□學一□坐落寺園實

嘉定府歲眉縣僧□□□□□□諸山□□思寬盈幕□

萬年僧長清率海州明耀順服價瞭

佽虎僧長心誠祥湖州圓□

□□□年五月十五日賣□□□張□列□建

□□文□

奉府我眉縣正堂隨帶加二級紀錄四次

茄定府山乃四大夫之一中峯名者囗寺廻囗有峯此謂入囗傑

此山有名師兑如漆然後若出果此耶謂囗囗囗

来此天地送運人事之轉移每有然矣囗

醎之需僧性潤與性聰承屈迫期聰居右有囗

山斗掉尾一派山塲地去私責典王清囗囗囗

是於乾隆三十五年間仲鳴於中癸害囗囗荷

費命性潤出銀照數顆取將耶回之山囗賜

已經壽余存徹後世恐茶衆僧衆相種而囗囗

碧名山無珎而乃張應碑囗囗蓮殷囗囗生囗

第五章 | 清音阁景区

五十七

双飞龙桥

单碑

240cm × 130cm

黄湾镇镇清音阁

年代不详

草书 4 行

行书 4 行

计 18 字

〖释文〗

双飞龙桥。

九九满难。

萍僧^① 为政□（草）。

太岁光阔立。

———————————

① 萍僧：生平不详。

五十八

清音

单碑
134cm × 96cm
黄湾镇清音阁

明清代
楷书 3 行
计 11 字

【释文】

清音①。

万历②癸丑孟冬吉旦立。

---

① 清音：晋代左思《招隐诗》："非必丝
与竹，山水有清音。"

② 万历：此碑刻于明代万历年间。此
碑原为"万古清音"四字，由彭端
吾书，"万古"二字已废，现存"清音"
二字。

重建广福寺碑记

单碑
59cm×93cm
黄湾镇清音阁

清代
楷书 15 行
约计 330 字

　　该碑刻于清乾隆年间，立于广福寺前右侧平台上。碑上横书"永垂万古"四字。碑文从右至左，竖排。该碑主要记载了广福寺的历史沿革，以及历代改修寺庙的进程、捐资人的姓名等。此碑对研究广福寺的历史很有价值。

〖释文〗

永垂万古

重建广福寺碑记

　　自古丛林首创者，必有誌（志）载流传，则后世而不混淆，纪誌（志）之可也。□中洪椿，古今胜道场也。然有广福下院，逼近双飞清音，悉为洪椿施茶接应，朝谒^①往来之所也。其广福寺始自高祖峩（峨）云老人偕□壁和尚首建，重兴佛像庄严，殿阁楼台，莫不整齐。历时渐远，不无风□（雨）渗漏，瓦缝参差^②之患。

　　后得玉哲、玉爻继续主持，复行修理。胜前一观□，竖立前楼，翻盖殿宇。哲置买田业，以供接待之需。二公同心协力，数□（年）之间，不惜劳瘁^③，可谓艰苦俻（备）尝，何异（异）为法忘躯^④之切，乃若是也。二公之德，慈仁普及，为世之津樑（梁）也。忆师没后，有未完之功果。又□□公之徒天诩代师延匠採（采）石，铺面殿堂，改修前楼及前官路一截，□山之一大名蓝^⑤也。不勒之石，则前后无攷（考）。何以昭知后之住持者。□之以警心目云。

　　刊字石匠崔仕洪。

　　伏虎寺上无下息和尚撰，隆耀沐手书，徒孙绍仁同道友绍钦、弟、□率与违、遐、述继泰全立。

　　皇清乾隆岁次甲午菊月上浣^⑥之吉谨。

---

① 朝谒：意思是参见尊者，这里指烧香拜佛之人。
② 瓦缝参差：意思是瓦楞长短不一，出自唐代杜牧《阿房宫赋》。
③ 劳瘁：辛苦劳累。
④ 为法忘躯：出自《六祖坛经》："求道之人，为法忘躯，当如是乎。"
⑤ 名蓝：有名的珈蓝，寺院。
⑥ 乾隆岁次甲午菊月上浣：即公元 1774 年 9 月上旬。

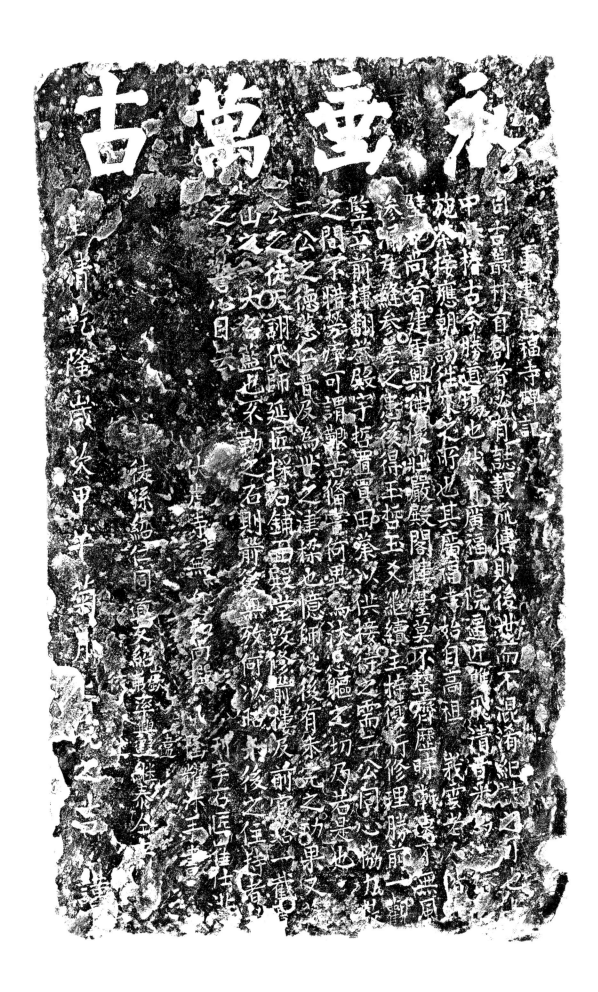

公之

徒妖
謝代師延匠採拓鋪石
大名藍也不勒之石則前

清乾隆歲次甲午

徒孫紹信

虎丘寺

重建靈福寺碑記

吳郡崑山邑創者必有誌載流傳

接古今勝道場也俠古廣福

接應朝詔徒眾不所之其廣福

余尚省建重興強後像嚴殿閣

是鋒參雲之慈後得玉哲玉

途前樓翻崇殿宇哲置買田業何

鑒之間不糙校嫁可謂郡古僧

六十

积善桥碑

单碑

97cm × 206cm

黄湾乡清音阁

明代

楷书 15 行

约计 360 字

积善桥原为木桥，宋时称"万渡桥"，有上、中、下三道桥，俗称二道桥、三道桥。明代将木桥改成木石结构，即石砌单拱，纵联式结构，桥上建木廊，改名为积善桥。

〖释文〗

积善桥碑记

盖闻行孝者，人之本也。积善者，福之基也。善有三则，孝有五等。三则之内，上、中、下所作不同；五等之中，天子、诸侯、大夫、士庶，所敬是一①。浙江金花（华）府兰谿（溪）县商寓，湖广荆州府，归州巴东县，四川雅州姓张名思恭为报父母劬劳②，昊天罔极③。奈乏嗣续后，四十无子，五十无文。其心急切，遂发心朝谒普贤名山④。饭陆和僧众至洪椿坪千佛庵，亦结合堂⑤大众良缘。因度河下木梁年深木朽，险峻甚大。主僧告曰："欲作石桥，力不能及。"如斯忖度，吾家颇充，更作石桥，有何不可。故捐资鸠工⑥，于本年九月琢石起造。第二禩（祀）六月乃获落成。所费白金二百余两，以作栽培善根。渊深者，流必长；善多者，福则广。此桥源自雷洞坪，出度九仙洞，来其路接象鼻巖（岩）而过，至双飞桥而通。左有奇石，状若虬龙，鳞甲俨然，恭宿⑦良缘。

---

① 所敬是一：指人的德行受人敬仰是第一位的。
② 劬（qú）劳：见 P10 注释。
③ 昊天罔极：苍天广阔，无边无际。形容恩情深厚广大，无法报答。语出《诗经·小雅·蓼莪》："欲报之德，昊天罔极。"
④ 朝谒（cháo yè）：参见尊者普贤菩萨。名山指峨眉山。
⑤ 合堂：同处一堂；全堂之人。
⑥ 鸠工：聚集工匠。
⑦ 恭宿：恭，恭敬。宿，佛教指前世。

積善橋碑記

蓋聞行善者人之本也積善者福之基也善有三則夢而五等三則之為上申下二兩佳

不問五等之中
灵子諸川係琛夫士廣前敬是一浙江金花滿間谷爾兩湖府州州已不獨
川雅川煙琛張名志為報父母劬勞吳天罔極東兵嗣續後四十無子五十三其文其心四

爹斯村慶吾家名山峻陸和僧家雲洪椿坪千
佛徒及哥川禮谷堂大景昊緣因废习下不采年未坷徐嗷甚其生礶嘗曰名作居橋加
阿從二月乃從谷成昕貴白金二百在丙以作我壞捐善根渊漆省沈工平本死九塚后进遺

則屬此橋原目掩埠作后橋者何不守政損减鳴根渊渌省沈長善多者福
則鳳此橋原周坪出度九仙洞未其豹接次壞捐善根渊渌省沈長善多者福

旺亷則化既不温坪出度九仙洞未其豹接次而随慶兆橋如不鳴發左三再不
飛飛則沖范鱗甲戰太宋宿良住斯吾利卜近則真貴則褈市德所鎮衛章孫繼先孝則與從昧

里明高疆處危上唇月念義則菱旦安于太秋山洪椿坪橋
無忝所生宅命人謹為大柱越是朱勒后而后可為積善名

報發母劬勞昊天罔極楓奈祠續後卑年

名山飯陸和僧眾泉洪椿坪于峻甚樂堂

緣因瘦河下木梁年深木栢檢峻甚栽堂

時摸真白更作宿右何不可栽培善根溽凜

出廔慶九仙洞来其踰接眾象巍而貴崇報溽

鳴宿灾則緣人值斯善利牙兆迤則緒可續常

為夾趣越恩恭勤匠而后可為積善名禱軍

值斯善利[1]子迟则贵，贵则非常。如不鸣飞之鸟，三年不飞，飞则冲天；三年不鸣，鸣则惊人[2]。

熊麟早兆，爪瓞绵绵，可续旧章，承继先业，夙兴夜昧，无忝所生[3]。鹿谿（溪）山人谨为大檀越[4]思恭勒石，而后可为积善名。

峕（时），皇明万历岁在上章阉茂[5]，月建夷则谷旦[6]，立于大峨山洪椿坪桥。

---

① 值斯善利：值，斯，此也之意。善利，指利益之善妙者，谓菩提之利益也。

② 鸣则惊人：一鸣惊人，出自《韩非子·喻老》。

③ 无忝所生：不辜负、不愧对自己的父母、双亲、故乡。

④ 大檀越：檀，梵语布施之意。檀越的意思为通过布施善行，可以越过生死苦海；亦指施主，即施与出家人衣食，或出资行善的信众。

⑤ 上章阉茂：上章，天干中"庚"的别称；阉茂，地支中"戌"的别称，用以纪年。即万历庚戌年，公元1610年。

⑥ 月建夷则谷旦：月建，月令的别称；谷旦：良辰；晴朗美好日子。旧时常用为吉日的代称。

六十一

良宽诗碑

单碑

35cm × 46cm

清音桥旁

现代

行书 10 行

计 97 字

碑阳、碑阴各一面

〔释文〕

题蛾（峨）眉山下桥杭 ①

不知落成何年代，书法遒美且清新。

分明峨眉山下桥，流寄日本宫川滨。

沙门良宽 ②。

---

① 日本地方志《北越雪谱》记载：1825 年，一条长近 3 米，刻有佛陀头像和 "峨眉山下桥" 五个字的桥桩，经长江、入东海，过对岛海峡、进能登半岛，最后到达宫川滨。良宽 得知后，欣然题诗，江户一时唱咏成风。

② 良宽：是日本有名的诗僧，他十分向往 "普贤道场" 峨眉山，在诗中写道："几回生来 几回死，生死悠悠无定主。今遇妙法饱闻知，当知普贤助神威。"

1990 年，在日中友好汉诗协会会长柳田圣山的倡导下，在峨眉山清音阁修建了一座 "日 中诗碑亭"。

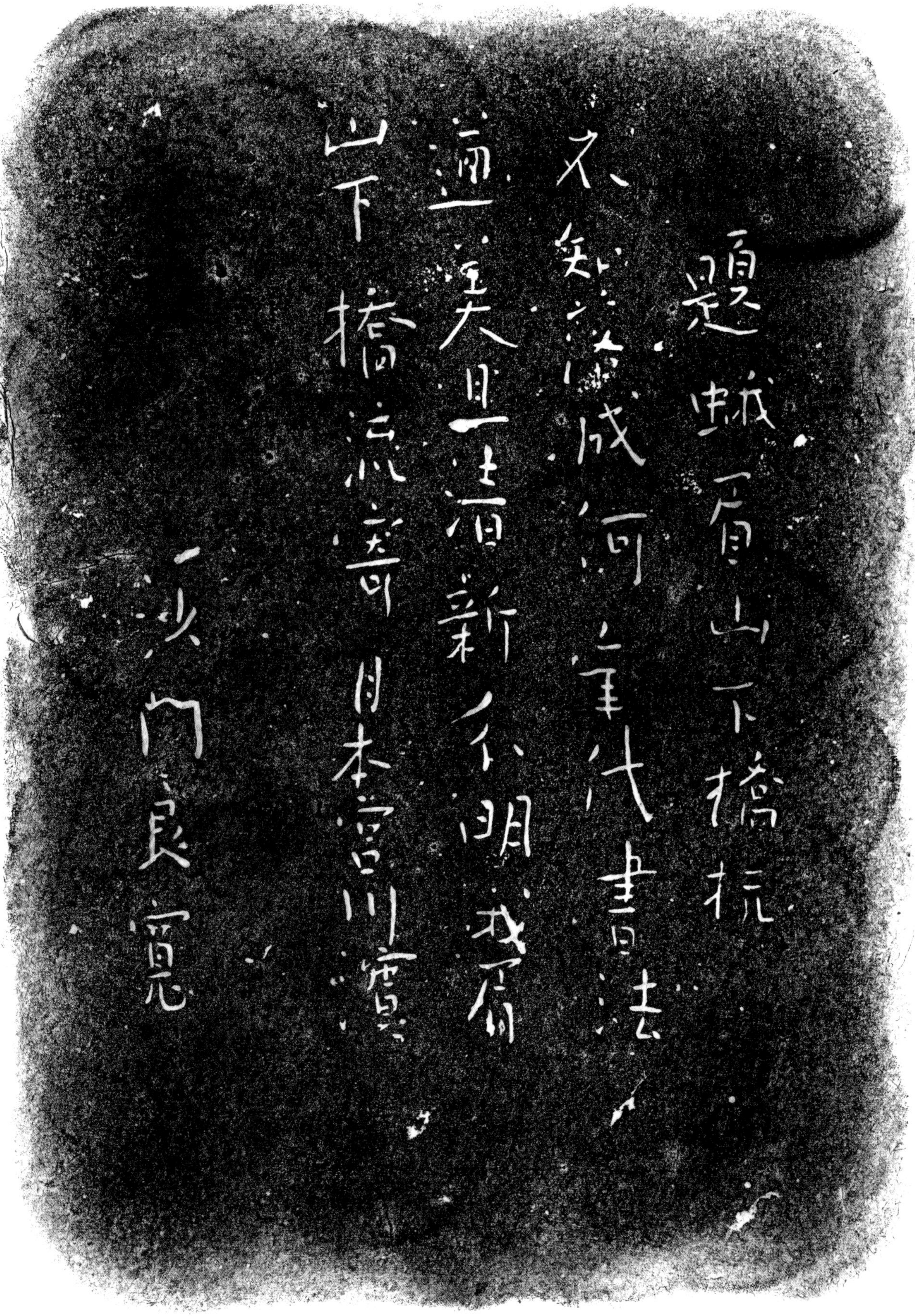
题蛾眉山下桥桩
不知落成何年代书法
遒美且清新分明我眉
山下桥流寄日本宫川滨
沙门良宽

〔释文〕

禅师诗句证桥流，流到宫川古渡头。

今日流还一片石①，清音长共月轮秋。

傅大士②云：人从桥上过，桥流水不流。

庚午仲夏题。

《日本良宽禅师诗碑》，赵朴初③。

① 一片石：良宽诗碑选用的是一块良宽家乡黑姬山的自然石。
② 傅大士：497—569，本名傅翕，字玄风，号善慧。为南朝梁代禅宗著名的高僧，义乌双林寺始祖，被尊为中国维摩禅祖师，与达摩、宝志并称"梁代三大士"。曾作有300多首诗偈颂文来阐释佛理禅意。
③ 赵朴初：1907—2000，中国佛教协会会长、中日友好协会副会长。第一、二、三、四届全国人大代表，第六、七届全国政协副主席。

禪師詩句證橋流，到宮川古渡

頭，今日流還一片石，清音長共

月輪秋

傅公士云，人過橋上過橋流水不流

庚午仲夏題

日本良寬禪師詩碑

趙樸初

第六章 | 万年寺景区

六十二

第一山

单碑

95cm×250cm

黄湾镇万年寺

清代

行书1行

楷书7行

约计240字

〖释文〗

第一山

米芾书

志欲小天下，特来登泰山。仰观绝顶上，犹见白云还。此椒山公①触景会心之句，意以山有尽而道无穷也。士君子游目骋怀，鸢鱼自得之妙何在无之。丙午岁，余客江阳②，偶约同人散步于土主山③，获靓（睹）米襄阳先生石刻"第一山"三字。纵横变化，俨有龙跳虎卧之势，遂凝睇久之。则见玉屏列于前，玛瑙④峙于后，左右复有湖光荡漾，名曰第一，不诬也！然而沧海曾经难为水，巫山以外不是云。因思峨（峨）眉天下秀，释氏称为震旦第一山，诚名实之□（易）□（位），则南宫笔妙以之坐镇此山，有不歎（叹）观止乎？爰採（采）佳石觅良工，照式阡就，移竖于峨（峨）之万年寺，非欲还福于山灵，或山灵不至笑我尔。

□□戊午岁⑤孟夏月念八日，乐邑增生，龙田谢文明⑥谨誌（志）并书。

---

① 椒山公：杨继盛，嘉靖二十六年（1547）进士。字仲芳，号椒山，直隶容城（今河北容城县）人，明代中期著名谏臣，谥号"忠愍"。

② 江阳：即今四川富顺县。

③ 土主山：在富顺县西湖西侧，因山上有土地庙，俗称土主山。清康熙年间陈祥裔《蜀都碎事》载："富顺县治后山上文昌宫，有米元章题第一山三字，字大如轮，遒媚可爱。"道光《富顺县志》载："米芾第一山三字碑，在钟秀山麓，邑人韦蕃立。"

④ 玉屏：指富顺城南沱江对岸的翠屏山。玛瑙：即钟秀山后玛瑙山。

⑤ 戊午岁：因上缺二字，难以确定竖碑时间。光绪十年（1884）《峨山图说》："直上又一亭，竖有第一山碑，进圣寿万年寺。"可供参考。

⑥ 谢文明：嘉定府（今乐山）人，生平不详。

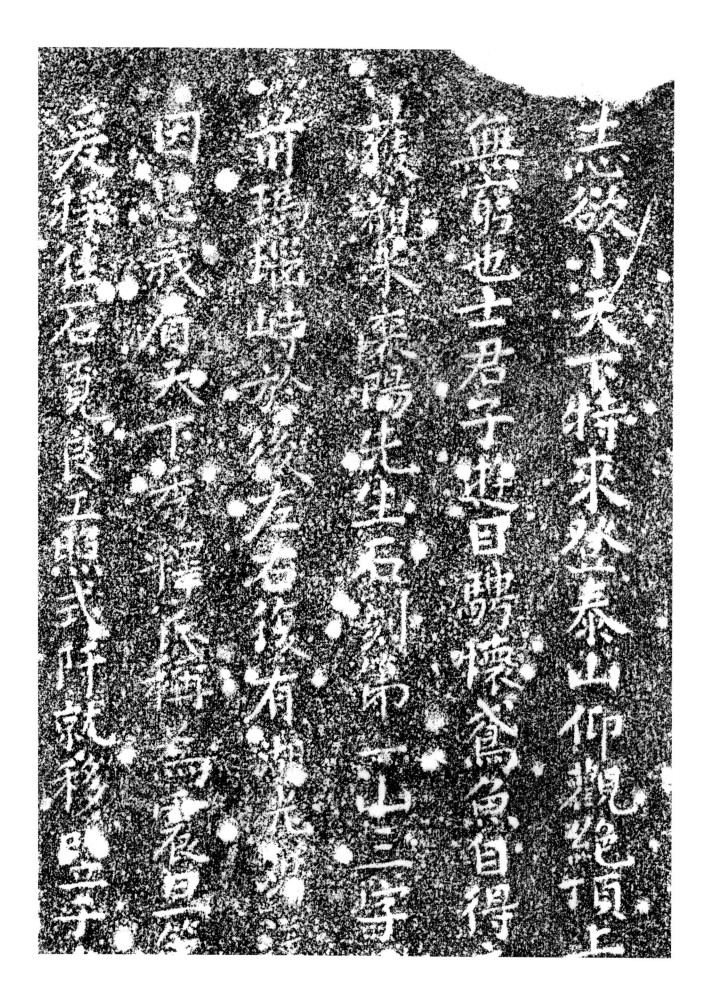

公爛漫會憂之句盗山有盡而道
余容注隅偶約同人散步於土壘山
卧之勢逆凝眺父之則見玉屏列子
登海胃雛為水盂山以外不是壘雲
俾妙以坐鎮此山有不欺觀止乎
慄於　山　或山壘不至我雨

六十三
万军门修砌峨眉
山进香大路碑记

单碑

80m×130cm

黄湾镇万年寺

清代

楷书 21 行

约计 600 字

[释文]

万军门修砌峨（峨）眉山进香大路碑记

尝闻大禹疏通九河①而为圣，高祖明修栈道②亦称贤。自古圣贤之心，无非为国为民。从来仙佛之道，只是利物利人。盖堆金积玉之有尽，修善作福之无穷。布金买园而有给孤独之长者，舍宅供佛岂无祇头陀之太子③。造七级浮屠，何如一梯之善果。筑万里长城，敢比片瓦之福荫④。六波罗密（蜜）⑤枛度为先；八福田⑥中，布施最胜。所有军门⑦大人□重暄者，原本安徽六安人也。好游名山梵刹，喜敬仙佛圣神。览峨（峨）眉之仙景，层峦叠嶂，高插灵霄之空际。觏（睹）普贤之光明，□□□□遥映，云海之波腾；灵岩之古木翠竹，青蓝碧绿，而兢秀幽谷之奇花异（异）草，红白黄紫而显荣，目极心欢。笔难描画山林之乐，欲与众分。

因其路之险阻，念行人之艰辛。于是广出白镪之锱铢⑧，大启金绳之觉路⑨。培生生世世之正道，结千千万万之人缘。其山开自汉代，迄至于今。建寺铸像

① 大禹疏通九河：典出《尔雅·释水》，指大禹治水时，疏通了黄河中下游的九条淤塞的河渠。

② 明修栈道：指刘邦采用韩信计谋，明修栈道，暗度陈仓，攻克三秦，取五国之事。

③ 给孤独之长者、祇头陀之太子：二人都是佛陀最虔诚的弟子。佛经故事说祇陀太子布施树林予佛，给孤独长者献地建精舍奉佛，为"祇树给孤独园"，简称"祇园"。

④ 片瓦之福荫：是说为寺庙修建捐一片瓦，可以佑万代福。

⑤ 六波罗密（蜜）：佛陀说众生在生死苦海中飘浮，达到没有生死之彼岸，称为波罗蜜。六波罗蜜就是六度，即所谓布施、持戒、忍辱、精进、禅定和智慧。

⑥ 八福田：谓佛、圣人、僧为三敬田，和尚、阇（shé）黎（指高僧）、父、母为四恩田，病人为悲田。

⑦ 军门：清代对一省最高绿营长官都督的尊称。

⑧ 白镪之锱铢：白镪，白银的别称。锱铢，比喻微小、数量少许。

⑨ 金绳觉路：语出"金绳"《法华经》，佛教理想国——离垢国，其道路以黄金为界。李白有诗句："金绳开觉路，宝伐度迷津。"

統領四川馬邊防營提督軍門篤勇巴圖魯萬

大清光緒十五年十月十五日吉立

領四川馬過陝營提督劉軍

夫護法馬能陟平川功成千古不磨□□萬世□方

覆足平坦長老放光之坡暴步彼□□□制□拹直□司

者亦有之但不及公之心願足取□嶺削平险□□□至求□

道結千千萬萬之人緣兹山開自□□□□險□念行

畫山祐之樂欲與泉分因其路之險阻念行

□□騰靈岩之古不磨行者臨碧緣

未竟六炭人也符彥名山旎刹喜欢仙佛聖神覽

一涞之善果紫嵩呈城郭比丘尼之福隂六波羅密

者有之，斋僧布施者有之，装金彩画者有之，修硚（桥）补路者亦有之，但不及公之心愿足耳。普欲削平险道，盖面石板穷涂（途）。除顶心之嶪屼[1]，去鬼门之夹石。仙凡息心之所，履足平坦。长老放光[2]之坡，举步皆安。三□（州）枏一，直可造万寿坡，四下均沾，蒲公岭改窄为宽，通山路颇觉观瞻。若非大护法[3]，焉能陟平川。功成千古不磨[4]，德裕万世流芳。可谓壮峩（峨）眉之光彩而矣哉。然亦不敢为序，谨记大人之功耳。

　　统领四川马边防营提督军门笃勇巴图鲁万。

　　特授四川省嘉定府峩（峨）眉县正堂赐进士第宋家蒸。

　　委办安徽六安州两江补用都司甲戌进士赵长胜。

　　监工尽先补用把总赵永余。

　　监工尽先补用外委唐文广。

　　学菩萨戒弟子东文撰并书。

　　石匠尧松亭、耿玉龙。

　　大清光绪十五年[5]十月十五日吉立。

---

① 嶪屼：嶪（yè）同嶪，高峻。屼（wù），山秃貌。

② 息心、放光：皆佛家术语。息心，精心、放心；放光，指佛用神力来放光明。

③ 大护法：指佛教的护法天神，俗称"四大金刚"。

④ 不磨：磨，磨灭、消灭。

⑤ 光绪十五年：即公元 1889 年。

第七章 | 洪椿坪景区

六十四

忘尘虑

建筑

65cm × 130cm

洪椿坪

清代

行书 1 行

计 3 字

四周为祥云龙纹边框

【释文】

忘尘虑 ①。

【铃印】康熙御笔之宝。

---

① 忘尘虑：康熙四十一年（1702），玄烨差内大臣郭齐哈、头等侍卫海清等来峨眉山赐香，
赐各大寺庙经卷 12 部。其中，赐洪椿坪《金刚经》《药师经》各一部，题赠"忘尘虑"
三大字，后将其刻制成碑。

慈塵惠慮

六十五

双百字联碑

单碑

64m × 124cm

洪椿坪

民国
楷书 13 行
计 264 字

【释文】

千佛禅林之□□□冯先生所贻，百字联列于后。

德先志正，恆（恒）定静精。华灿大海，清奚纯中。诚观守善，金经广照。深法融涵，空鑑（鉴）福缘。满行成西，来昭普愿。

峩（峨）眉画不成，且到洪椿，看四壁苍茫：莹然天池荫屋，泠然清音当门，悠然象岭飞霞，皎然龙溪溅雪；羣（群）峯（峰）森剑笋，长林曲径，分外幽深。许多古栢（柏）寒松，虬枝偃蹇；许多琪花瑶草，锦彩斑斓。客若来遊（游），总宜放开眼孔，领畧（略）些晓雨润玉，夕阳灿金，晴煙（烟）舗（铺）绵，夜月舒练。

临济宗无恙，重题公案，数几箇（个）老辈：远哉宝掌驻锡，卓哉绣头结苑（茅）[1]，智哉楚山[2]建院，奇哉得心[3]咒泉；千众静安居，净业慧因，毕生精进。有时机锋棒喝，蔓语抛除；有时说法谈经，蒲团糸（参）究。真空了悟，何常障碍神通，才感化白犬唧（衔）书，青猿洗钵，野鸟念佛，修蛇应斋。

甲子季秋，遊（游）此以百字联语纪胜。

什邡冯庆樾[4]敬撰。

---

[1] 绣头结苑（茅）：绣头，明代异僧，稚发绣螺髻，人称"绣头和尚"。《峨眉山志》（清·蒋超）："绣头和尚……结茅于洪椿坪山左箐林中……每食，先倾饭两堆于屋前，击竹梆数下，群蛇群鼠各出就食，食尽乃去。"

[2] 楚山：楚山性一禅师，于明万历五年（1577）主建洪椿坪寺院。

[3] 得心：即得心和尚，洪椿坪寺庙后院有其舍利宝塔。

[4] 冯庆樾：1875—1936，字荫青，什邡人。曾任贵州怀仁知县，工文善书。晚年研《易经》《老子》。这副二百字的楹联，是他 1924 年秋游览峨眉山时为洪椿坪撰写的。

千佛禪林之……定靜……生所詣……百字咸剖於后
德先……志……法融海……如海清溪純中誠觀守善
……融……船晉顯功
曆門慈然泉嶺……嶺飛雷鼓然龍……福綠滿行成西來……
眉畫元不成且卻洪椿看四壁蒼茫瑩然天池蘸屋涂漆清分
……來……總宜於開眼……滅雪……峯森劍筋長狄曲慾
外幽深許多古柏寒松頌……校偃寒行……琪花瑤草錦形斑爛……客
……遊……頌……少陽燦金睛煙頷錦
修……應齋
空了悟何常障礙神通……感化白犬呷書青猿流體野鳥念經
生精進有時機鋒棒喝蔓語拋除有時說法談經蒲團象究竟
……兄泉千眾靜安居淨業慧因果
絕矣楚山建洪奇哉得心……居淨業慧因果經……駐錫卓哉
臨濟宗無恙重題公案最數簡老輩……遠哉寶崖……繡頌

甲子季冬……以古字……語紀勝……馮……樞機

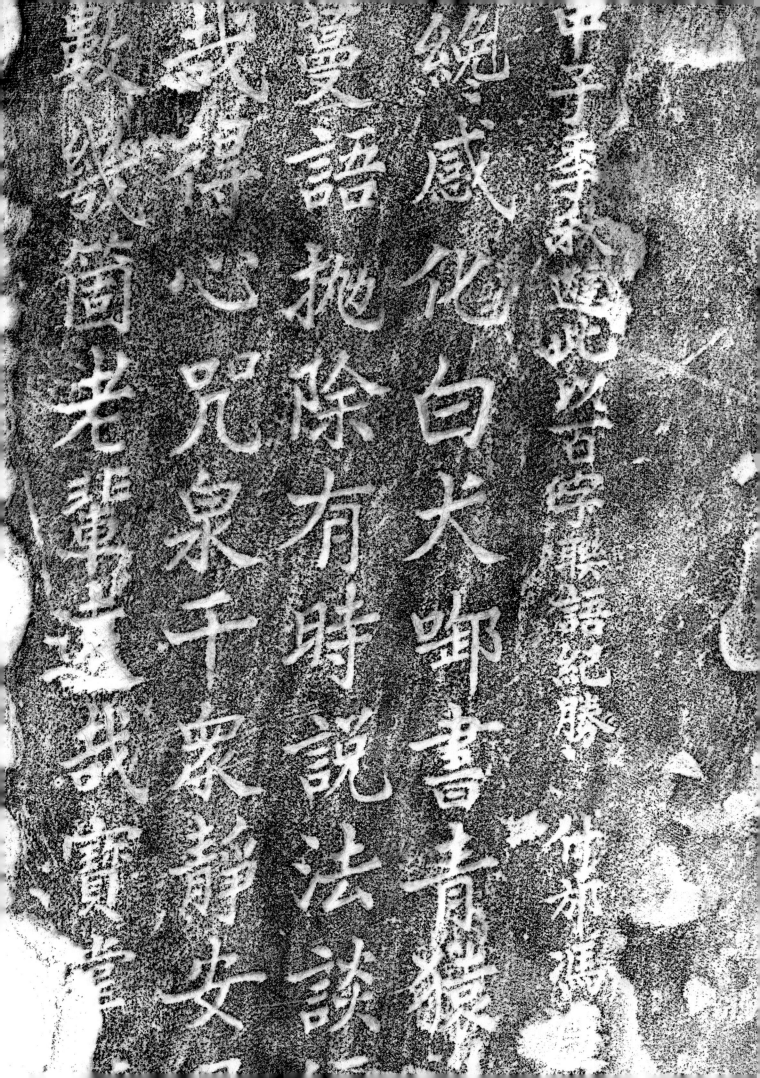

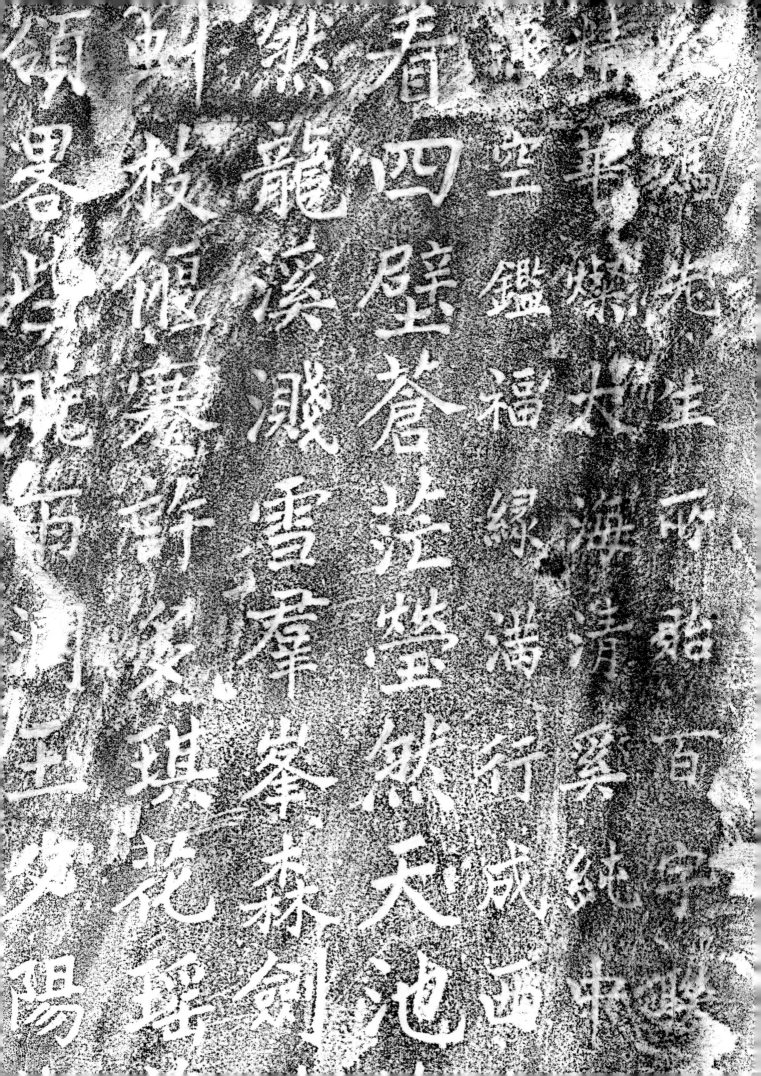

莊　退　看　然　剝　蚪　頌
然　空　四　龍　校　　　罘
苑　鑑　壁　溪　假　　　曙
生　燦　蒼　濺　塞　　　　
所　火　茫　雪　行　　　　
始　海　瑩　峯　後　琪　　
百　清　然　森　　　花　　
宇　綠　天　劍　聲　　陽
　　滿　池　　　　　　　
　　行　　　　　　　
　　咸

第八章 | 洗象池景区

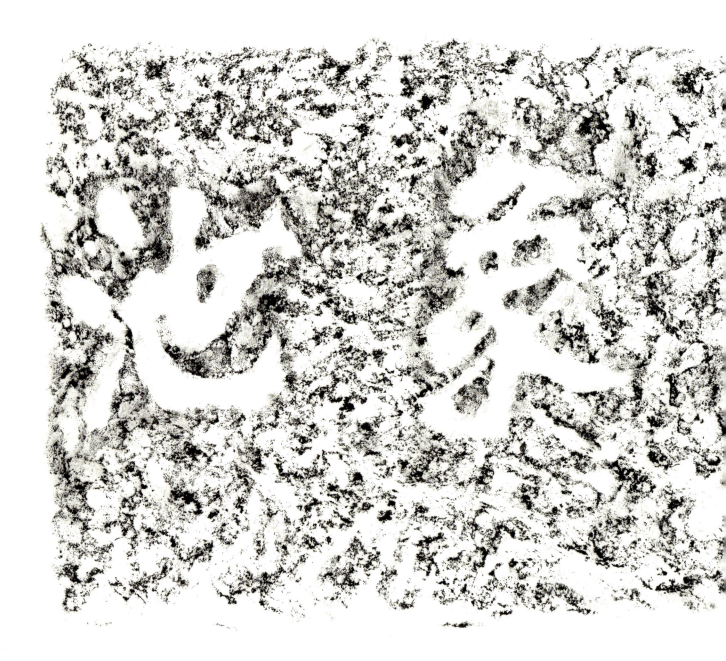

六十六

古洗象池

单碑

140cm × 68cm

洗象池

清代

楷书 5 行

计 14 字

字径约 20cm

建南师管区司令部佈（布）告碑

单碑

77cm×144cm

洗象池

民国

楷书 16 行

约计 350 字

〔释文〕

建南师管区司令部

四川省第五区行政督察，专员公署佈（布）告

字第一号

为会衔（衔）^①严禁事，查峩（峨）山所以称为最古名胜之区者，以有天然之景物耳。而此景物之特著者，古庙森林而外，厥惟猿猴蕃息^②滋生，历年已久。往来活跃，赋性尤灵。时参说法之堂，俗有居士之号，历来遊（游）客靡不爱护有加。

乃近闻各庙佃户及种莲农民，往往暗中阱捕^③，希图渔利。而遊（游）山客侣亦有不明上项情形，或结队追逐，以为嬉戏；或任意捕杀，以供取求。致使羣（群）猿哀啼，悲激山谷，见人辄避，畏若虎狼。啟（启）其仇视人类之心，变其平日驯习之性。不特负天地生成之德，失圣贤物与之怀；而本山天然生趣，亦因之大为减色，殊非政府培植风景保护名胜之至意。

兹据该山各庙僧众呈请禁止前来，除令饬峩（峨）眉县政府切实查禁外，合行佈（布）告，仰坿（附）近佃户农民及各界遊（游）人，一体知照。嗣后，如敢再有捕杀伤害本山猿猴情事，定予从严罚办。各山主倘有徇情纵獘（弊），亦予一律重究，决不宽贷（待）。切切此佈（布）。

中华民国二十七年^④九月。

司令：黄□勳，专员：陈炳光。

---

① 会衔（衔）：指两个或两个以上的机关或其主管人，共同在发出的公文上签署名衔。

② 蕃息：滋生、繁衍。

③ 阱捕：设陷阱捕获。

④ 中华民国二十七年：即公元 1938 年。

建南師管區司令部
四川省第五區行政督察專員公署　佈告　字第一號

此為會嚴巖禁事查我山所以稱為最古名勝之區者以有天然之景物耳

而此景物之特著者古廟森林而外厥惟猿猴蕃息滋生歷年已久往來活躍各

賦性尤靈時冬說法之堂俗有居士之號歷來遊客靡不受護有加乃近閒各情

廟佃戶及種蓮農民注往暗中附捕希圖漁利而遊山客侶有不明上項情

形輒結隊進逐以為嬉戲或任意捕殺以供取求致使羣猿哀啼悲激山谷見成

人德保護名勝之至意茲據該山各廟僧眾呈請禁止前來除令飭嗣後如敢

景之保護名勝之至意茲據該山各廟僧眾呈請禁止前來除令飭嗣後如敢

切實查禁除合行佈告仰該山各廟僧眾及各界民眾一體知照嗣後如敢再

有捕殺傷害本山猿猴此情事定于從嚴罰辦各山主倘有徇情瞻徇亦予一律

重究決不寬貸切切此佈

中華民國三十七年九月　日

司令　鄧錫侯

專員　陳炳光

第九章

仙峰寺景区

觀音舅國河南開封對府
周國王差內官周進朝前來
嵩山建醮飯僧寓本府□延寺
佛老狐洞至此次每尼百日
在此□泳而還□耳
全來僧校

趙進喜　性順
李尚□
蘇得財
楊朝學　朝□

萬曆四十二年五月朔之寓立

六十八

观音佛菩萨

残碑
43m×61cm
仙峰寺

明代
楷书7行
计91字

[释文]

观音佛菩萨

大明国河南开封府周国王^①，差内官周进朝前来峩（峨）山，建醮饭僧^②。寓本府慈延寺、九老仙洞至此二次，每凡百日，在此游泳而还，云耳。

　　仝（同）来僧校^③：邓九成、性顺、赵进喜、李尚仁、苏得财、杨朝宁、谢学。

　　万历四十三年五月朔之吉立^④。

---

① 周国王：指明代开封的周王府，长达263年。
② 建醮饭僧：指僧道除灾灭祟的道场。
③ 校：军衔名，低于将官，高于尉官。
④ 万历四十三年：即公元1615年。

六十九

外其山如大云蟠空（残碑）

残碑

76m×117cm

仙峰寺

明代

楷书 13 行

约计 320 字

〔释文〕

□□□□外，其山如大云蟠空①，即之迺（乃）千巖（岩）万壑，如菡萏②。然擅其□□□□寺，盖莲菂③也。寺昌（以）九老④名世，传天皇真人授道而黄帝留□□□□□壁，曰《九仙经》，汉武时得之真人广成子也。凡古说不可□□□□谷子，阴长生⑤譔（撰）珞琭子，丹经其流，率沿浼（峨）眉，岂非山灵深□□□□风发，遗世之幽心飘飘乎洪荒昌（以）上，故九老视七十二洞□□□□独奇。

国变十年，余三游是山，宿兹寺。一日造山之阿，得□□□□□□是张太守国玺筑之。榜曰：仙皇倚玉屏之麓，其脉嘘自□□□□□一气。左右皆大嶂，其碧摩天。前则万峯（峰）匍匐，山昌（以）外岷□□□□□如卧（卧）长虹。盖一登瞩中而乾端坤倪⑥尽矣。僧海良好奇，□□□□□□铸金浮图⑦七级奉之，藏天竺贝叶经成箧，宝殿烂乎□□□□□□□皇之台，吾知《阿弥陀经》所称极乐国，七重栏楯，六时□□□□□□人心，仿佛遇之。而荀子云："空石⑧中有人名觙。"屈子云□□□□□□□□，乎天情之自得，而浊世之浇风⑨昌（以）远，不然请登□□□□。

---

① 大云蟠空：蟠，盘伏。这里是形容仙峰寺四周山势，如大云盘曲而伏地。
② 菡萏（hàn dàn）：未开的荷花。
③ 莲菂（dì）：即莲实，也作"莲的"。
④ 九老：这里指九老洞。
⑤ 阴长生：新野（今属河南）人。生富贵之门而不好荣位，潜居隐身，专务道术。阴长生的活动远及巴蜀，对当地道教的兴盛影响甚深。
⑥ 乾端坤倪：指天地的边缘。
⑦ 浮图：梵语音译，对佛或佛教徒的称呼，也专指和尚或指佛塔。《初刻拍案惊奇·卷六》："设法夫人救他一命，胜造七级浮图。"也作"佛图""浮屠"。
⑧ 空石：语出《荀子·解蔽篇》："空石之中有人焉，其名曰觙，其为人也善射以好思。"
⑨ 浇风：指浮薄的社会风气。语出《宋书·后废帝纪》："其有孝，友闻族，义让光间。或匿名屠钓，隐身耕牧，足以整厉浇风。"

外其山凶如犬雲蟠空昂之迤平巖昂旁摹如藍苔
牙盖蓮蒻也寺昌九老名世使天皇真人援道而黃帝醉其
蓋陰張憍經漢戒時得之真人廣戒俔也虎故詵亦可
早日九僥經漢戒時得之真人廣戒俔也虎故詵亦可
發遘世之誤路球子丹輕其真人廣戒俔也虎古雷
奇國變十羊余三游是山宿兹寺一丹造山之兩得
是張太守國盦築之榭曰佀皇帝荷五屏之戀其其脈
如一鑄卧氣左石昔大嶂其碧摩天令而萬華書畫山昌
皇鑄金浮圖七級來之感天竺貝葉經戒峯殿虎
人心佀佛遇之而鮑子云空石中有人名
欄守天情之自得而濁世之澆風昌建不脉請登

天前則萬峯前觀山名外峨
乾端坤倪盡矣僧海良妙寺
天竺貝葉經成篋寶殿瀾子
所傳極樂國化重欄楯長時
云空石中有人名徽屈子云
獨世之逸風邑達不然請登

遇升巖崖竇如遇此皆帆檣遇其
使天皇真人授道而真帝留可
真人廣戚人也兄靈
其流率沿淶眉並非中靈滾
其流上故丸老視之阿洞
宕流昌寺造山
仙皇衛五屏之樣其根疆目得嬙

第十章

金顶景区

〖释文〗

大峮（峨）山永明华藏寺新建铜殿记

太上在宥六合①，诞育蒸人②，嘉与斯世，共臻极乐。遣沙门福登赍（赍）圣母所颁《龙藏》，至鸡足山③。登公既竣事，还礼峮（峨）嵋（眉）铁瓦殿，猛风倏作，栋宇若撼。因自念尘世功德，土石木铁，若胜若劣，若非胜，若非劣。外饰炫耀，内体弗坚，有摧剥相，未表殊利。惟金三品，铜为重宝。瞻彼玉毫，敞以金地。中坐大士④，天人瞻仰，眷属围绕。楼阁台观，水树花鸟，七宝⑤严饰，罔不具足。不越咫尺，便见西方。

以此功德，迴（回）施一切众生。从见在身，尽未来际，皆得亲近供养一切诸佛菩萨，共证无上菩提。既历十年所愿力有加。沈王⑥殿下，文章河间之瑰奇，猷虑东平之乐善。闻登公是愿，以四方多事，痌（恫）瘝有恤。久之，乃捐数千金，拮据经始，为国祝釐（厘）⑦。会大司马王公，节镇来蜀。念蜀当兵祲后，谓宜洒以法润，洗涤阴氛，乃与税监丘公，各捐饩⑧以助其经费已。中使衔命宣慈旨，赐尚方金钱，置葺焚修常住若干。命方僧端洁者主之，庀工⑨于万历壬寅春，成于癸卯秋。还报王，额其寺曰永明华藏云⑩。遐迩之人，来游来瞻，欸（叹）未曾有。登公谒余九峯（峰）山中，俾为之记。

惟我如来，弘开度门，法华会中，广施方便，擅相甍云，遍周沙界。竹林布地，上等色天，所以使人见像起信，故信为功德之母，万善所繇（由）生也。法界有情，种种颠倒，执妄为真，随因成果，堕入诸趣。当知空为本性，性中本空，真常不灭，六尘缘影，互相磨盪（荡），如金在镕炉冶煎灼，非金之性，舍彼镕金，求金之性，了不可得。十方刹土，皆吾法身。一切种智或净或染，有情无情皆吾法性。大觉圣人起哀怜心，广说三乘惟寂，智用浑之为一。然非因像生信，因信生悟，欲求解脱，若济河无筏，无有是处。故密

---

① 在宥六合：在宥，谓任物自在，无畏而化。《庄子·在宥》："出入六合，游乎九州，独往独来，是谓独有。独有之人，是谓至贵。"
② 诞育蒸人：诞育，产生之意。蒸人，指民众，百姓。
③ 福登：即等公妙峰。赍（赍）（jī）：抱着。《龙藏》为清代官刻汉文大藏经《大清版大藏经》的简称，因经页边栏饰有龙纹。鸡足山：位于云南大理州宾川县，相传是释迦摩尼座下大弟子迦叶的道场。
④ 大士：佛教对菩萨的通称。
⑤ 七宝：佛教中，不同的经书所译的七宝各不尽同。比如鸠摩罗什译的《阿弥陀经》中所说七宝为金、银、琉璃、珊瑚、砗磲、赤珠、玛瑙；《法华经》中所说的七宝是金、银、琉璃、砗磲、玛瑙、珍珠、玫瑰。
⑥ 沈王：封爵，指西蜀藩王潞安沈王朱模。
⑦ 痌（恫）瘝（tōng guān）：病痛、疾苦。祝釐（厘）：祈求福佑，祝福。
⑧ 饩（xì）：赠送之意。
⑨ 庀（pǐ）工：谓召集工匠，开始动工。
⑩ 永明华藏：为明神宗朱诩钧御题。为峨眉山金顶华藏寺，金殿是其中的一部分。

义内熏，庄严外度，爱辟庙塔以为瞻礼，馨洁香花以为供养。财法并（并）施以破贪执，皆以使人革妄归真，了达本体而已。正徧（遍）知觉，善思念之。登公号妙峯（峰），力修梵行，智用高爽，法中之龙象，山西蒲州万固寺僧也。乃系以赞（赞）曰：

世尊大慈父，利益于众生。功德所建立，种种诸方便。后代踵遐轨，严饰日益胜。如来说诸相，皆是虚妄作。

云何大兰若，福徧（遍）一切处。微尘刹土中，尘尘皆是佛。众生正昏（昏）迷，深夜行大泽。觌面不见佛，冥冥罔所觌（睹）。

忽遇红日轮，赫然出东方。三千与大千，万象俱悉照。亦如阳春至，百昌尽发生。本自含萌芽，因法而溉润。

亦如母忆子，形神两相通。瞻彼慈悯相，酌我甘露乳。唯知佛愿弘，圣凡尽融摄。荧荧白毫相，出现光明山。

帝纲日缤纷，宝珠仍绚烂。栏盾互周匝，扃户各洞启。天龙诸金刚，拥护于后先。既非图绘力，亦非土木功。

于一弹指间，楼阁耸霄汉。星斗为珠络，日月成户牖。即遇阿僧劫，此殿尝不坏。愿我大地人，稽首咸三依。

一览心目了，见殿因见性。若加精进力，了无能见者。佛法难度量，赞（赞）欵（叹）亦成妄。诸妙楼观间，各有无量光。

各修普贤行，慎勿作轻弃。我今稽首礼，纪此铜殿碑。佛佛为证盟，同归智净海。

万历癸卯①九月之吉。

赐进士第、翰林院检讨、汉嘉龙鹤居士王毓宗顿首撰。

晋右军将军王羲之②书。

云中朱延维镌，吴郡吴士端③集。

峩（峨）眉山铜殿法派：

普行澄清海，智镜常照明。闻思修心德，觉遍性圆融。

---

① 万历癸卯：即公元1603年。
② 王羲之：字逸少，东晋时期著名书法家，有"书圣"之称。
③ 吴士端：明代吴门镌刻世家吴应祈之长子，在山东泰山亦有刻碑。

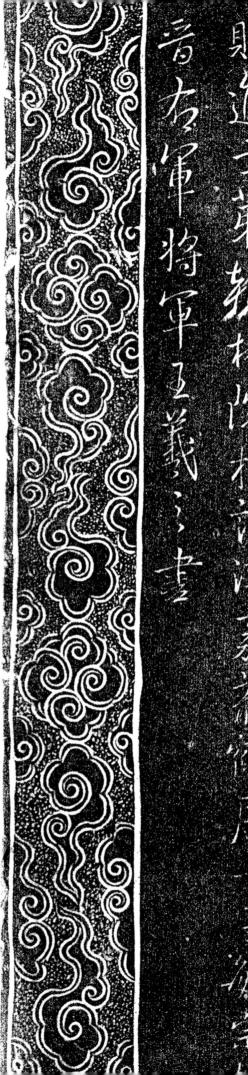

灼灼金之妆严役镂金求金之能子不可得十方剎土
之为一弦非回烛生往回信告嫣然求新朦若
贪执皆以使人草高归货乃达本電乞言偏
尊大慈乃利益於众生功德所建遠種種法劳役
是佛众生忘风速深夜行大澤親面不見伸
因滋而溉润乞慈母遂子祝神雨相通瞻彼惠憫和
圆通属户洛洞启天龙讀远劉攬藻於後兒防沙
顾我大地火稽首咸三依一覽心目了見嚴固見生
作輕齐我今稽首神祇此銅嚴發碑佛佛為證盟詞
萬曆癸卯九月之吉

七十一

峐（峨）眉山
普贤金殿碑

单碑

140cm×82cm

金顶华藏寺

明代

楷书

24行

约计 1260 字

〖释文〗

峐（峨）眉山普贤金殿碑

赐进士第、中宪大夫、四川等处提刑按察司副使、奉敕提督学校、前河南道监察御史、聊城傅光宅[1] 撰。

余读《杂花经[2] 佛授记》，震旦国中，有大道场者三，一代州之五台，一明州之补怛，一即嘉州峐（峨）眉也。五台则文珠师利，补怛则观世音，峐（峨）眉则普贤愿王。是三大士，各与其眷属千亿菩萨，常住道场，度生弘法。乃普贤者，佛之长子。峐（峨）眉者，山之领袖。山起脉自崐（昆）嵛（仑），度葱岭而来也。结为峐（峨）眉，而后分为五岳。故此山西望灵鹫，若相拱揖授受，师弟父子，三相俨然。文殊以智入，非愿无以要其终；观音以悲运，非愿无以底其成。若三子承乬（乾），而普贤当震位[3]。蜀且于此方为坤[4] 维，峐（峨）眉若地轴矣。故菩萨住无所住，依山以示相。行者修无所修，依山以皈心。十方朝礼者，无论缁白，无问华夷，入山而瞻相好，觌（睹）瑞光者，无不囘（回）尘劳而思至道。其冥心入理，捨（舍）爱棲（栖）真者，或见白象行空，垂手摩顶，直游愿海度彼岸，住妙庄严域，人何可□（量），何可思议哉！顾其山高峻，上出层霄，邻日月，磨刚风殿阁之瓦，以铜铁为之，尚欲飞去。榱桷栋梁[5]，每为动摇。宅辛丑春暮登礼焉，见积雪峰头，寒冰涧底，夜宿绝顶，若闻海涛震撼，宫殿飞行虚空中。梦惊歎（叹）曰："是安得以黄金为殿乎？"太和真武之神，经所称毘（毗）沙门天王者，以金为殿久矣，而况菩萨乎。居无何，妙峰登公自晋入蜀，携沈国主所施数千金，来谋于制府济南王公，委官易铜于丰都、石柱等处。内枢丘公，复涓（捐）资助之。始于壬寅之春，成于癸卯之秋。而殿高二丈五尺，广一丈四尺五寸，深一丈三尺五寸。上为重簷（檐）雕甍，环以绣棂琐窓（窗），中坐大士，傍遶（绕）万佛。门枋空处，雕画云栈劎（剑）阁之险，及入山道路逶迤曲折之状。渗以真金，巍峐（峨）晃漾，照耀天地。建立之日，云霞灿烂，山吐宝光，涧壑峰峦，恍成一色。若兜罗绵[6]，菩萨隐现，身满虚□（空），呜呼异（异）哉！

依众生心，成菩萨道：依普贤行，证如来身。非无为，非有为。非无相，

---

① 傅光宅：1547—1604，字伯俊，号金沙。聊城九州洼人。明万历五年（1577）进士。有《巽曲》《吴门燕市》《蚕丛》等诗集传世。

② 杂花经：《峨眉山志·卷六》中印光大师修订释为《华严经》。

③ 震位：八卦中的正东方，春雷之意，也代表东方之龙。

④ 坤：指西南方之中央、正中。

⑤ 榱桷栋梁：房屋的椽子和大梁。比喻地位重要的和不重要的各类人物。

⑥ 兜罗绵：梵语音译，为草木花絮之总称，常用来比喻云和雪。

進士第中憲大夫四川等慶提刑按察司副使本

提督學校前河南道監察御史邢城傅光宅撰

余讀雜花經佛校記震旦國中有大道場者三代

蕯常住道場眾生感法乃普賢者佛之長子裴肩

超入逃循無以要其終觀音以悲運非頓無以底其域

道者無論緇白當前一莘夷入山而瞻相好觀光者

或須其山高峻上幽層冐鄰日月庳川風殿間之九

虛空中夢鶴於曰是安得以黃公為辰于天矽真武

國主所施數千金來謀於

非有相。大士非一，万佛非众。毘（毗）卢遮那如来，坐大莲华千叶之上，叶叶各有三千大千世界，各有一佛说法，则佛佛各有普贤为长子，亦复毘（毗）卢如来，由此愿力，成就普贤大愿，即出生诸佛。宾主无碍，先后互融，十方三世，直下全空，亦不妨厤（历）有十方三界。杂花理法界、事法界、理事无碍法界，事事无碍法界，此一殿之相，足以尽摄之矣。大矣哉！

师之用心也，岂徒一□（钱）一米作福缘，一拜一念为信种哉？师山西临汾人，受业蒲之万固，后住芦芽梵刹，兴浮晑（图）起，住上谷建大桥数十丈。兹殿成，而又南之补怛，北之五台，皆同此庄严，无倦怠心，无满足心。功成拂衣去，无系吝心。是或普贤之分身，乘愿轮而□（来）者耶？宅敬信师已久，而于此悟大道之无外，愿海之无穷也。欢喜感欵（叹），而为之颂曰：

峩（峨）眉秀拔，号大光明。有万菩萨，住止经行。普贤大士，为佛长子。十愿度生，无终无始。金殿凌空，上接天宫。日月倒影，铃铎鸣风。万佛围遶（绕），庄严相好。帝网珠光，重重明了。西连灵鹫，东望补怛。五台北拱，钟磬相和。是一即三，是三即一。分合纵横，非显三密。示比丘相，现宰官身。长者居士，国王大臣。同驾愿轮，同遊（游）性海。旋岚长吹，此殿不改。寿同贤胜，净比莲花。六牙香象，遍厤（历）恒沙。威音非遥，龙华已近。虚空可销，我愿无尽。

万历癸卯九月之吉。

吴郡吴士端[1]集唐尚书右仆躬（射）上柱国河南郡开国公褚遂良[2]书。云中朱廷□（维）刻。

① 吴士端：见 202 页《大峨山永明华藏寺新建铜殿记》文中注释。
② 褚遂良：596—659，字登善，杭州钱塘（今杭州）人，唐朝政治家、书法家，与欧阳询、虞世南、薛稷并称"初唐四大家"。博学多才，精通文史。

第十一章

高桥镇

七十二

敕賜禅林

牌坊

265cm × 56cm

高桥镇

明代

楷书6行

计18字

[释文]

嘉靖辛卯[1]春三月，

都给事中安磐[2]书。

敕赐[3]禅林[4]。

---

① 嘉靖辛卯：即公元1531年。

② 安磐：明代嘉州（今乐山）人，弘治十八年（1505）进士，正德年间，曾任吏、
兵部等给事中，"嘉定四谏"之一。

③ 敕赐：皇帝赏赐。

④ 禅林：指寺院。

七十三

祇园觉路

牌坊
268cm × 57cm
高桥镇

明代
篆书 6 行 18 字
楷书 3 行 20 字

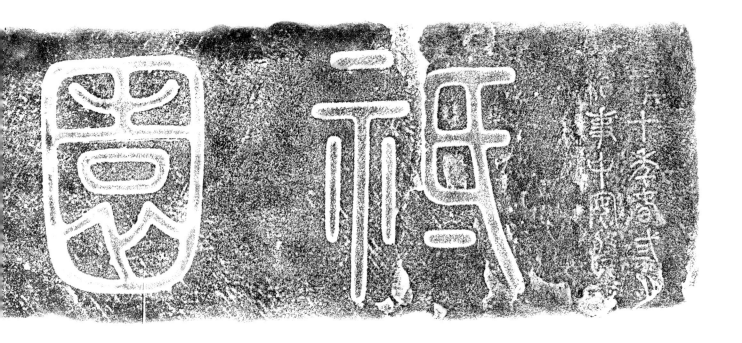

释文

嘉靖十年 春三月，

都给事中安磐书。

祇园 觉路。

钦依 住持真糸（参）。

本寺施财比丘真伟。

本寺施财□常定。

---

① 嘉靖十年：公元 1531 年。

② 祇园：为佛教中"祇树给孤独园"的简称。

③ 觉路：佛教语，谓成佛的道路。《禅宗永嘉集序》："慧门广辟，理绝色相之端；觉路遥登，迹晦名言之表。"李白有诗句："金绳开觉路，宝筏渡迷川。"明陈汝元《金莲记·湖赏》："子瞻，尔只会启他人觉路，反不能豁自己迷途，可笑可笑！"

④ 钦依：皇上依准。

重建高桥记

单碑
86cm×130cm
高桥镇

明代
楷书 16 行

该碑下部漫灭不清
字数不详

【释文】

重建高桥记

赐同进士出身征仕郎工科左给事中前庶吉士□□□□□篆额。

赐同进士出身文林郎山东道监察御史前三原□□□□□人□□□。

罗目中镇之冲①曰高桥，以桥高故人则称之。计地去□□□□□□，□□□隘。溪流峻急，行潦②奔注，轰然万雷，天雨辄涨。涨辄□□□□□□□□□□□□□罔奠攸居③。水竭石出，乃始通道。 或厉或揭，恒见□□□□□□□□□□□暨诸所往来。捐赀（资）鸠工，伐石采（采）木。会度高低相视□□□□□□□□□□□则癸未三月也。真叅（参）率其徒，属余以记往年余与□□□□□□□□□□□峨山循山之麓，入灵岩焉。唯是桥圮于水，缘溪据石□□□□□□□□□□错愕。乃叹曰：徒杠舆梁④，十一十二月则成。兹王政也。□□国家亦以桥梁课诸有司。王政之不行久矣。守令岁□□□□□□□□□□□，夫吾徒也，不能行先王之政，遵□之法，以惠我黔首。彼真叅（参）者，乃能以其教加诸乎□□□□□□□□□□□□举其教而建功者，惠贼则人怨之，惠则人戴之⑤。夫人□□□□□□□□□□□□于高桥之建重，有感于先王之政也。桥高三十□□□□□□□□□□。

　□嘉靖二年⑥，岁次癸未夏四月朔日立石。

---

① 冲：交通要道。
② 行潦：沟中流水。
③ 罔奠攸居：不可定为居所。
④ 徒杠舆梁：徒杠，可以徒步的小桥。《孟子·离娄下》："岁十一月徒杠成，十二月舆梁成，民未病涉也。"
⑤ 惠则人戴之：结合上下文意，此处漏字一个，应为"惠人则人戴之"。
⑥ 嘉靖二年：即公元 1523 年。

重建高橋記

賜同進士出身徵仕郎工科左給事中前廣東士

賜同進士出身文林郎山東道監察御史前三家

羅日中鎮之衡曰高橋以橋髙故人則桶之計地志

陸溪流峻急行奔注焉然萬雷天雨輒漲漲脈

圖輿欸居水渴石出乃始通道或屬或揭但見辰

醫諸所往來捐貲鳩工伐石林卜會慶髙低舊得

帥染末三月也真条率其徒屬余以記往牢余興辰

破山循山之麓入靈岩馬唯是橋坻旅水綠溪提石

趙噐乃嘆曰徒杠輿梁十有二月卽成茲王政也

國家亦以橋梁課諸有司王政之不行父老嘆于歲

夫吾徒也不能行先王之竣邊

之法以惠我黔首俾貧蔡者乃以其教加諸乎身

攀其教而建功者惠則人懟之惠則人戴之夫人父

以今方高橋之建垂有感焉先王之政也橋成之三

嘉靖二年歲次癸未夏四月朔旦立石

从山循山之麓入靈岩馬唯是抵

趙家乃乃嘆曰徒杠輿梁十一

踐家亦以橋梁來課諸有司王政

夫吾徒也不能行先王之

之法以惠我黔首俊真桑

鑿其毅而建功者惠則

人亦高橋之建重有感

嘉靖二年歲次癸未夏四月朔

重建□橋記

賜同進士出身微仕郎工科□

賜同進士出身文林郎以山東□□

賜同進士出身文林郎以□橋萬□□

羅目中鎮之衝曰高松橋萬□□然□鼎

臨溪流峻急行李□奉□□□然萬□□

圍奧依居水涸石出乃始通道道咸

簪諸所徒往來招皆鳴工伐石株□

為未三月也真□祭率□□徒□也

第十二章

绥山镇

七十五

宋公德政碑

石牌坊
94cm×140cm
绥山镇北门桥头

清代
楷书 46 行
约计 1200 字

该碑下部深埋
拓片不全

〖释文〗

公讳家蒸[1]，字云浦，江右名进士也。榜下即用知县，分发四川峨眉代理知县之□，值发逆□张，蹂躏大江南北，时事方艰。适权歙县篆务，地当冲要，办防堵，筹饷粮，接济峨邑边防诸军，力持大局。不数月，贤能懋著。上游方隆倚任，竟以太宜人弃养，解组回籍服阕。乡关学里，已不作出山想。许仙屏河帅，故公砚友，屡函劝驾，公始之蜀。禀到后，大府器重，历（历）委夹江、盐亭、蓬溪等邑，所至有政声，民謌（歌）来暮。制府丁文诚公按部盐亭，嘉其贤，手书"四野风清"字勒碑，县境以风僚属。最后补峩（峨）眉，甫下车，首订讼规，修街道，放牛痘，置义塚（冢），除蠹安良，百废方兴。旋以调办芦山厂务，卸篆去差竣，调署洪雅。未几，谢病归。戊子春，销假回任。稔知峩（峨）邑瘠苦，仅带二、三家人，无□丁、门房、签押，终日坐法堂，雀角鼠牙，立予判结，案无留牍。而事关伦常风化者，尤持重不苟。惟治盗极严，历（历）来著名惯贼，莫不逮系囹圄，置诸重典。特不准攀诬良善，虽办过盗案数起，并无冤屈一人，亦无一人脱漏。刘仲良宫保称：公才识明敏，政事克勤，保荐卓异，赏识固不谬矣。公性刚介，人不敢干以私，极恨书差额索与约保苛派，违必尽法惩治。平居食无兼味，衣不重裘，每按临各乡访查，轻骑减从，布衣蔬食，若忘其为官也者。履任四年余，叠捐清俸，修桥梁，办赈济，所筹恤嫠、育婴诸费，有益于地方者，利无不兴；裁陋规，减讼费，禁浮收、抬纳等弊，无益于地方者，弊无不除。尤喜奖拔寒

---

① 家蒸：即宋家蒸，字云浦，江西奉新县人，生卒年不详。同治二年（1863）进士，峨眉知县。任间除弊，兴利，重耕读。

公諱家莘字雲浦江右名進士也榜下即用大縣分發□州

躑躅大江南北時事方艱道權彙縣簽務地當衝要辦防堵萬□稱

不數月賢能懋著上游方隆倚任竟以太宜人棄養解組回籍服闋

想許仙屏河帥故公硯友屢函勸駕公始之蜀稟到後大府器重歷

至有政聲民詞來暮制府丁文誠公按部鹽亭嘉平千書四野風

最後補裁眉甫下車首訂訟規修街道放牛痘置義塚除蠹安良百

務鉏篆去差竣調署洪雅未幾謝病歸戊子春銷假回任稔知裁邑

門房簽押終日坐法堂雀角鼠牙立予刊結案無留牘而事閱倫常

盜極嚴歷來著名慣賊莫不逮繫圖圖置諸重典特不准攀誣良善

屈一人亦無一人脫漏劉仲良宮保稱公才識明敏政事克勤保薦

介人不敢干以私極恨書差額索與約保奇派違必盡法懲治平居

臨各鄉訪查輕騎減從布衣蔬食若忘其為官也者履任四年餘疊

恤嫠育嬰諸費有益於地方者利無不興栽陋規減訟費禁浮收抬

無不除尤喜奬拔寒畯培植士林凡事關學校莫不極力維持邑中

者每以棚費尊肘公憫其情通稟 各憲創置學田以歲久之半上

士遠擇重員甚盛舉兵刀規模恢異其而公歸道山易簀時尚拳拳一切規

實政遺愛在民猶未一二更僕數顧尚有毀其近名者失天地之一笈不入側有

心而論天下州縣衙門有僅二三家人者乎各屬原被告費有一笈不入側數十

下鄉勘驗僅一差人跟隨而又自費食物者乎有終日坐堂理事多則數十

暑嚴寒無少懈隨告隨准隨審隨結一刻不停留者乎凡此數端皆人民

行者公獨行之且終身行之果何嘗而為此蓋不如是則公之心不安焉使

愛身安知不壽享期頤優游林下俯至耆芽戒疾辛莫遂歸回之樂哉

再邑中人親被其澤目擊世之謳累纏綿每有感念曩昔而潸焉出涕者

愈篤矣上年秋義之麗有磧石墮溪流飄蕩數十里倒臥城趾高尋餘征

即製為碑以銘公懿異矣德可感神誠能動物理或然歟是公之德政非

靈亦不欲聽其沒矣爰紀大要揭之通衢以備他日循良之選進以告當世

銘曰

江漢炳靈　誕降偉令　名山管領　實谷生春　清風載鶴　矜寡

虛堂懸鏡　至赤以冰　崔杵埽盜　中澤安民

風微人往　江干片石　永奠常陰

日

大清光緒二十二年歲次丙申仲冬月下浣丑日穀旦

畯，培植士林，凡事关学校，莫不极力维持。邑中大多寒士、岁科两试新进者，每以棚费掣肘。公悯其情，通禀各宪创置学田，以岁入之半上缴，余作两学师修金，新进寒士，遽释重负，其盛举矣。乃规模犅（粗）具，而公归道山。易簧时，尚拳拳以未诸其□□□□□，实政遗爱在民，犹未一二。更仆数顾，尚有毁其近名者。夫天地之大，人犹有憾，公在官所为，平心而论，天下州县衙门，有仅二三家人者乎？各属原被告，费有一钱不入侧门者乎？下乡勘验（验），仅一差人跟随，而又自带食物者乎？有终日坐堂理事，多则数十案，少则十余案，盛暑严寒无少辍，随告随准，随审随结，一刻不停留者乎？凡此数端，皆人所不肯为，亦人所不能行者，公独行之，且终身行之，果何乐而为此？盖不如是则公之心不安矣。使公分爱民之心以爱身，安知不寿享期颐，优游林下，何至积劳成疾，卒莫遂归田之乐哉？嗟乎！盛世难逢，循良不再，邑中人亲被其泽，目击世之讼累缠绵，每有感念畴昔，而潜焉出涕者，此思公之心愈久而愈笃矣！

上年秋，峩（峨）之麓，有砥石堕溪流，飘荡数十里，倒卧城北。高寻余，径数尺，状若帷屏，众议即制为碑，以铭公。噫，異（异）矣！德可感神，诚能动物，理或然欤？是公之德政，非独士民不忍忘，即山灵亦不欲听其没矣。爰纪大要，揭之通衢，以备他日循良之选，且以告当世之父母斯民者焉。

铭曰：

江汉炳灵，诞降伟人。名山管领，寒谷生春。清风载鹤，古榕成荫。虚堂悬镜，玉壶贮冰。蓷苻靖盗，中泽安民。矜恤孤寡，嘉惠士林。风微人往，遗爱犹新。江干片石，永戴棠阴。

大清光绪二十二年[①]岁次丙申嘉平月下浣五日谷旦。

---

① 清光绪二十二年：即公元 1896 年。该碑为红砂石质，四柱三间三层，庑殿式屋面。此碑现立于峨眉山市区北门桥头，碑体残缺，部分文字无法辨认。2020 年，峨眉山市有关部门建碑亭保护之。

第十三章

飞来殿景区

嘉州峨眉县
重修东嶽（岳）
大路五行庙记

单碑
105cm×190cm
绥山镇大庙飞来殿

宋代
楷书 22 行
约计 800 字

〔释文〕

嘉州峨眉县重修东嶽（岳）大路五行庙记

嘉州军事推官、登仕郎、试秘书省校书郎任尹述。

将仕郎、守嘉州峨眉县主簿、兼令尉事程及篆额。

泰山高绝位于鲁，峨眉秀异（异）镇兹蜀。东陲西隅，远七千里。云触石而不相接，雷殷山而不相闻。今峨眉之县，有泰山之客者，盖依人下降有感，潜道足以见神行无方，阴阳否则矣。先是县之侧、山之阿，斯庿（庙）颓隳①，庭荒门庳，旧额废卧，经始莫别，曼草蟠木，交相薇亏。加以□□□贪，神弗欢祀。雨骤霆震，谿（溪）涨桥崩，将祷之人无路而至。前后宰邑久历数官，率皆以匿獘（弊）养奸为仁，俘财箕货为智。家庿（庙）不修，矧②神祠乎？宾饩不给，矧常祀乎？

县明府□平程及，貌俊而气清，学若而词健，来维是邑，爱民敬神。有心肃诚，晨谒诸庿（庙）至于兹地周览，怃然③谓："泰山者，群嶽（岳）之首，万物之宗，天孙擅美④。日观据雄，仲春巡狩，今王者陈诗观风⑤于其下，太平封禅⑥。"

---

① 颓隳（huī）：毁坏、损坏。
② 矧（shěn）：况且。
③ 怃然：怅然失意貌，形容失望的样子。
④ 擅美：专美，独享美名。
⑤ 陈诗观风：采集并进献民间诗歌。《礼记·王制》："命大师陈诗，以观民风。"郑玄注："陈诗，谓采其诗而视之。"孔颖达疏："此谓王巡守见诸侯毕，乃命其方诸侯太师，是掌乐之官，各陈其国风之诗，以观其政令之善恶。"
⑥ 太平封禅：封禅大典是古代帝王在太平盛世或天降祥瑞之时祭祀天地的大型典礼。"封"是指"祭天"，"禅"则是"祭地"，如《史记·封禅书》中的"登封报天，降禅除地"。

嘉州軍事推官登仕郎誠秋曹省授書郎任尹述

將仕郎守嘉州峨眉縣主簿兼令尉事程及篆額

泰山高絕位於晉峨眉夸異鎮越雩東陸西
泰山之峯香蓋俟人下降有感潛道足以見神行無方陰陽吞剛
嘗顛慶外纈始莫兆氣曼草麗木交相藏蔚加以至觀狼貪神弗
前後享邑丸歷殷官睪皆以匠獎義勾蒭仁俟財篁些彥智寧屆
縣明府廣平程及貌俊著而詞健春而清學著而氣清學著而
泰山者群巖之首万物之宗天孫壇美日觀攘椎仰泰巡狩今
王者陳詩觀風於其下

太平封禪

王者埕命探玉校共上有唐世祐自山封玉而況操射陰陽之柄條舒生人之命維李氏之旅為偕彼死者之
槐士遊我將鼎新武志祀典儀邑民善者知警神之福怒者知懼神之禍慈而化之如丸走坂乃拓其地營其
基泉蕆其枋工劾其力揮汗瀍運斤而興普年而就甘殿育堂有廚有廊金碧輝光儀衛鏘鏘觀
其石訶若又峯俊不假藥垣青山周匝不頹由往重門顯谿薪惡木籍貪至磨瑩員珉請余文之時也挾
問蹁民喜適素韻與王祠楊喦垣告成功掃除炮內祇謁
明府俗壁而来洗宁而莫暗天蒙向遠民相望至止詢之財育理直而不得伸者為冤幽而不能訴者為利口巧
言竹綀者為函人暴簽所剝者采納而見散者惇獎而見屛者者守土之官不能治反賫於神之前莫不定祥
胎報避通愈惡者得以還四鄙之卯若此一邑之長可知民既服於神明化有敷於簡易是用
其菜翰紀成規欲来者知斯廟之理焉見主祠楊希顔廟祝曹公義宋公綬立石
明府之意為皇宋淳化四年九月十五日記

殿直嘉州兵馬監押朱在城巡撿方　守節
　　　　　　　　　　　　　　　　　　　進士任　居中書
將社郎寺先禄寺朱通判嘉州推知軍州事孟　鄉
　　　　　　　　　　　　　　　　　　謝榮　鑴字

舊顱廣斜經始莫覩是草蔚木交相蔽蔚加以至塊猥貪

前後宰邑大厦鹽官率皆以匠獎養効爲仁俘財箕北丕善知

蔚明府庚平程文貌俊而氣清學者而詞健未鹽是邑爰迎

縣明府庚平程文貌俊而氣清學者而詞健未鹽是邑爰迎

泰山者群巖之首万物之宗天孫擅美曰太平封禪

王者陳詩觀風於其下

王者挺命探玉校其上有唐世祚自此封王而況操制陰陽

塊去遊我將鼎新武志祀典侯邑民善者知盡神之福與惡者

基巖巘其林工効其力揮汗雨灑運斤風馳致作而與者

其石問若又峯俊岩辰不假藥垣青山周匝不須由徃重開

問蠲民喜適素顏與王祖楊希額告府成功掃除烟內祗祀

明府階磨而來洗牢而莫睠天夤兩遽民相望至止詢之吶

言所族者爲西人累客所剽者愈納而見教者惮娑而見辰

胎報逐通盦虛善者得以進悲者將以遂四郡之卬若此

捍棄翰紀成規欲來者知斯廟之理焉見

明府之竟焉皇宋淳化四年九月十五日記

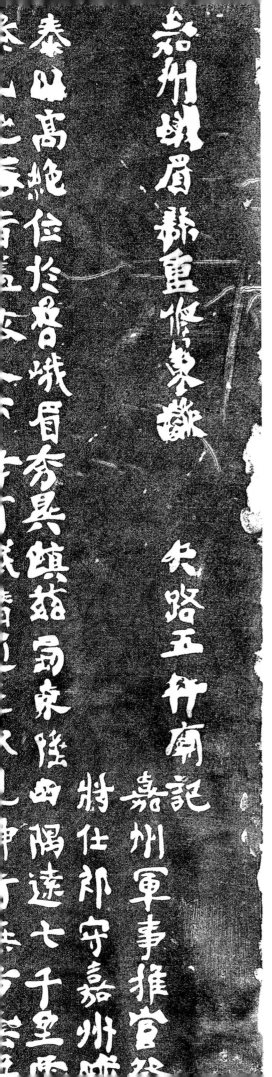

王者□命探玉于其上，有唐世族自此封王。而况操□阴□之柄，惨舒生人之命。维李氏之族为□彼死者之魂云遊（游），我将鼎新□□祀典□邑，民善者知□神之福恶者，知惧神之祸，从而化之。如丸走坂，乃柘其地、营其基，众献其材，工效其力。挥汗雨洒，运斤风驰。改作而兴，朞（期）年而就。有殿有堂，有厨有廊。金碧辉光，仪卫锵锵。观其石□若凡峯（峰）□若□不假□垣，青山周匝，不须由径，重门显黉，薪恶木籍，贪巫磨砻，贞珉请余文之。时也，按闾编民，喜适素愿，与主祠杨希颜告府成功，扫除□□祇谒，明府偕□而来洗罪而莫睹。夫豪商逸民，相望至止，询之则有理直而不得伸者，冤幽而不能诉者，为利口巧言。行嫉者为函人暴客[1] 所剽者，蒙纳而见欺者，悖妆而见辱者，告守土之官不能治。反质于神之前，莫不灾祥昭报遄迩，愈虔善者得以进，恶者得以迁。四邻之仰若此，一邑之畏可知。民既服于神明，化有敦（教）于简易是用，挥柔翰纪成规，欲来者知斯庙之理焉，见明府之意焉。皇宋淳化四年[2] 九月十五日记。

主祠杨希颜、庙祝曹公义、宋公绥立石。乡进士任居中书。

殿直嘉州兵马监押□、在城巡检方守节。

将仕郎守光禄寺丞通判嘉州权知军州事孟献。

谢荣镌字。

---

① 函人暴客：指恃强凌弱的盗窃者。
② 淳化四年：即公元 993 年。

七十七

东嶽（岳）庙记

单碑

85cm×172cm

绥山镇大庙飞来殿

元代

楷书碑额 4 字

楷书 19 行

约计 600 字

〖释文〗

东嶽（岳）庙记

皇帝圣旨□（衷）嘉定路达鲁花赤总管府①，据羧（峨）眉县申任绍传状告，照得②本县归化乡古跡（迹）飞来岗东嶽（岳）庙，兵革之后，殿宇摧废。自归附圣元，有祠主杨中顺，一同故父梁炳发前来节续修理，即今俱已完成。及有本庙开荒，爱护到侧近周回地土、松柏竹薗（园）处所，递年于内布种田业、採（采）斫竹木，添贴③修造。其本庙四至，东靠土堰山文细行常住地界，南至白虎山萌芜堰、饥死坎山为界，西至瓦窑溪、后笮（凿）井盐溪曼头山、长岭山为界，北至八拾（十）亩赤崖粉壁、船脚三溪为界。虽曾赴羧（峨）眉县陈告印押爱护明文，缘未有上司给到文榜。今来绍传切思飞来岗东岳庙，即系蜀中名山胜境，士民祈福之地。绍传已是年迈，恐后元护竹木田土诸人，不知因依④，妄作无主荒闲田土，採（采）斫侵占，深为未便。如蒙备申，总府给榜发付本庙张掛（挂）爱护，庶使师徒人等，安心修造。告乞详状，得此县司看详，飞来岗东岳庙，乃蜀中名山，士民祈福之地。如准道士任绍传所告，给付榜文张掛（挂），不致诸人妄行搔扰，申乞施行，得此捡会，到至大四年⑤二月，钦奉诏书内一欵（款）。

嶽（岳）镇海渎，已议加封，遣使致祭⑥其路、府、州、县名山大川。圣帝明王、忠臣烈士，兀（凡）在祀典者，各具事蹟（迹）申闻，次第加封。除常祀外，主者施行严加致祭。庙宇损坏，官为修葺。钦此。今据前因，总府今给榜文付飞来岗东嶽（岳）庙常川⑦张掛（挂）。禁约诸人，无得将本庙常住薗（园）林地土，妄行採（采）斫侵占，搔扰不安。如有违犯之人，捉拿到官治罪，施行须至榜者。

右榜省谕，各令通知。

（下为蒙古八思巴文的印押）

① 嘉定路达鲁花赤总管府：嘉定路，即元至元十三年（1276）置嘉定府路，治所在龙游县（今乐山市）。辖境相当今天的四川省大邑、邛崃、彭山、蒲江、洪雅、丹棱、眉山、青神、乐山、峨眉、峨边、犍为、荣县、威远、夹江等地。达鲁花赤：蒙古语音译，为"掌印者"之意，一般由蒙古人或色目人担任，是地方各级的最高长官。

② 照得：查察而得，旧时下行公文和布告中常用。

③ 採（采）斫、添贴：采伐、砍伐竹木。添贴：添补，补助。

④ 因依：原因；原委。

⑤ 至大四年：即公元 1311 年。

⑥ 致祭：前往祭祀，祭奠。

⑦ 常川：经常，连续不断。

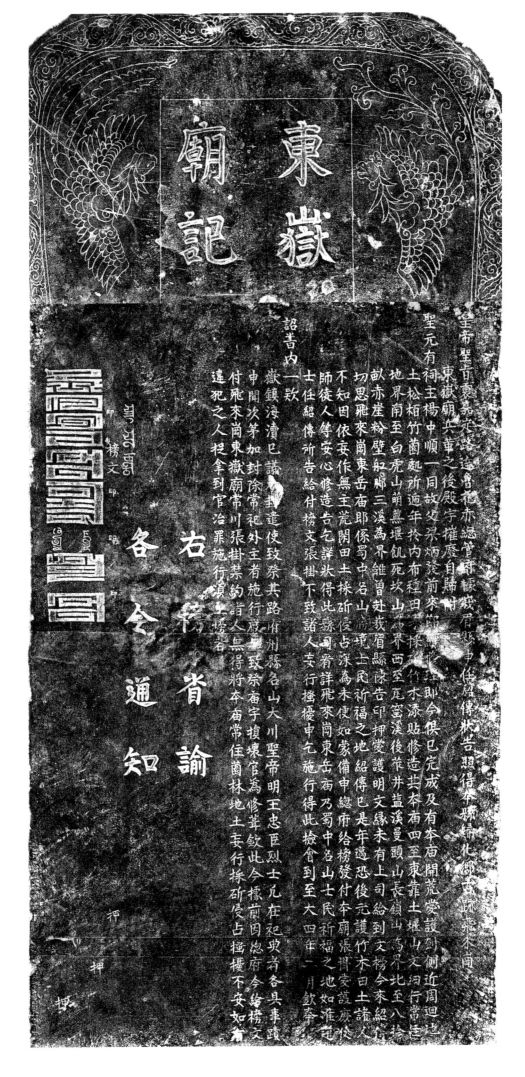

東嶽廟記

右榜省諭

各令通知

柯主楊中順一同故役界炎前來簡
王松栢竹菌處所迤年矜內布種田為界西至庙木
界南至白虎山萌薰堰飢死坎山祈
切思飛來崗東岳廟耶係弖中名山
赤崖粉壁船腳三溪為界雛曾赴歲眉縣祿告
不知因依妄作無主荒閑田土採所
師徒人等安心修造告乞詳狀得此
士任紹傳所告給付榜文張掛下致諸
一欵
嶽鎮海瀆巳議遣使致祭其路府州縣名山
申聞次第加封除常祀外主者施行嚴
有飛來崗東嶽廟常川張掛禁約諸人
逰犯之人稅拿到官治罪施行湏

右稿省諭
各令通知

峨眉县重修
东岳庙记

单碑

103cm×190cm

绥山镇大庙飞来殿

元代
楷书30行
约计1500字

【释文】

峨眉县重修东岳庙记

岱宗①为羣（群）岳之长，按《博物志》②："一曰天孙，天帝孙也。主召人
蒐（魂）鬼（魄），知人命修短。"故衡、华、恒、嵩皆庙于其土，而岱岳之祠
徧（遍）天下。虽祭不越望③，若古有训。然神无常享，享于克诚④；诚之所
存，神斯格焉。不可得而度思也。《公羊传》曰："触石而出，肤寸⑤而合，不
崇朝而雨天下。"泰山之云惟然。繇（由）是而言，则岳神之灵，乌可以封
域为限哉？汉嘉峨眉⑥县北五里所，有山崒然⑦起莽苍中。林木郁秀，岗峦傑
（杰）峙；云霞蔽虖（乎），楼□（殿）层出，盖岳庙也，其来远矣。观其巘前
几平，嶂后屏列；左右羣（群）峰，或拱或揖。双谿（溪）环抱，萦青缭白。
气象磅礴，钟奇孕灵。揽胜据实，诚日□（幅）之分标，天孙之别馆也。庙
有宋绍兴戊寅，主祠⑧进士杨甲德元所述甃路⑨石刻，庙之经始亦莫能究。但

---

① 岱宗：指东岳泰山，为五岳之首，其余四岳为西岳华山、北岳恒山、南岳衡山、中岳嵩山。
② 《博物志》：是中国古代汉族神话志怪小说集。此处原文为"泰山一曰天孙，为天帝孙也。
　　主召人魂魄。东方万物始成，知人命修短"。
③ 祭不越望：出自《左传》："三代命祀，祭不越望。"是对诸侯祭祀权利的限制，诸侯不能
　　祭祀天地四方，只能祭祀其境内之名山大川，称为"方祀"，如果僭越祭祀，称为"淫祀"。
④ 神无常享，享于克诚：出自《尚书·太甲》："鬼神无常，享于克诚。"意思是指鬼神不系一人，
　　能诚信者则享其祀。
⑤ 肤寸：古代长度单位。一指宽为寸，四指宽为肤。
⑥ 汉嘉峨眉：隋代以前，峨眉县属眉山郡；元代属嘉定府路。
⑦ 崒（zú）然：崒，同"崪"，高峻而危险的样子。
⑧ 宋绍兴戊寅，主祠："绍兴"为南宋宋高宗赵构年号，即公元1130年。主祠，掌管祭祀
　　的官吏。
⑨ 甃路：砖石修砌的路或井壁。

眉縣重修東岳廟記　按博物志泰
山之長　按博物志

一曰天孫天帝孫也主召人魂魄知人命脩短故
衡華恒皆廟于其土而岱岳之祠徧天下雖崇不越
望若古有訓然神無常享身于嘉定戊戌歲乙亥版
築屯安輯戎旅之初邑鉅族楊民以其先業與官為
軍營易廟地故此廟楊民世主之戊午已未蜀難孔
棘民驚徙

解散廟因發不治歲乙亥版圖歸楊民有儒先名震炎
字直夫者後署鄉士梁炳發棼脩其中一生拔救起佛
夜屏僻嵗戊戌董君達其徒馬志知敬致李志和管府總
之屬出其分益廟之別館也始終遊乃心圖下在廟延廢
嗣漢末傑子英知廣海南方

知軍事亦能繼述先志以修五岳後廟則重修五岳
鳳省其先飬于嘉展敬命理敗後任梁山州事以中順
大夫同知成都路和易重修正殿爰遊具舉正殿家慶
堂以為食息之所蓋省殿開則細省荊建關嚴飾廟慶堂
有良冪人樂施之用以

以適游觀之實至于廊廡善清東悟玄任善庭善
樓三門橋樓則重修五岳後廟則重修五岳後廟
不頂嚴廟恒產以給四百年而放也淳化至今彌
毋墜巫中誥海印無量勝因上識筆宣璥若以徒
天子萬壽安霊泉淥諛余君之心以為心則廟與此山
無極若夫神之爵號在祀典惠澤在生民故略其
由撰記

聖天子萬壽安霊泉淥諛余君之心則廟與此山
無極若夫神之爵號在祀典惠澤在生民故略其
由撰記

泰定四年歲次丁卯三月既望承事郎順慶路
大竹縣尹兼管軍奧魯勸農事兔都吕書丹幷篆額
承直郎成都路簡州知州諸軍奧魯勸農事趙
承直郎嘉定路峨眉縣尹兼諸軍奧魯勸農事
承直郎嘉定路峨眉縣尉本縣諸軍奧魯管民元帥舍人張後禮武畧將軍管軍千戶鮮值祖
嘉定路峨眉縣主簿兼典史賀文孫吏蘇敏蒲欽若楊世崇焦菑李元通楊蒱壽張賢
省左丞相公合人皆德隆張後禮武畧將軍管軍千戶鮮值祖
通真弘教贇靜大師嘉定路道敎提點玄妙觀住持虹谿後人楊〇逢辰立石
仙逄梁忽忽鐫

峨眉縣重修東嶽廟記

峨岑宗為翠嶽之長按博物志一

望若古有訓然神無常享于其

雲惟然絲是而言則嶽神之靈氣

層出蓋嶽廟也其來遠矣觀其

之分標天孫之別館也廟有宋

神所自擇蓋一昔有風雷之變湣

又云當嘉定年築營屯安輯戎

志一曰天孫天帝孫也主召人尫鬼知人

其于克誠誠之所存神斯格焉不可得而

之靈烏可以封域為限哉漢嘉峨眉顯

觀其巘前几平巇後舜列左右翠峰或拱

有宋紹興戊寅主祠進士楊甲德元所述

之變逢明小殿歸然自是民無一疾癘千穀

輯戎旅之初邑鉅族楊氏以其先業與官

知人命脩短故衡華恒嵩皆廟于其土而低伐
得而慶思也公羊傳曰觸石而出膚寸合矣
縣北五里所有山崒然起莽蒼中林本鬱委
或挾或捋雙谿抱紫青練白氣象碌磷鍾
亦述瓷路石刻廟之經始亦莫能完但載遑
年穀豐登邑人因覆以重屋水旱禱祠春秋
與官為軍營易廟地故此廟楊氏世主之戎

载淳化景祐①间断碣②略云："庙址神所自择。尝③一昔有风雷之变,迟明④小殿岿然。自是民无疾厉⑤,年谷丰登。邑人因覆以重屋,水旱祷祠⑥,春秋祈报;福祸之应,捷于影响。"又云："当嘉定年⑦筑营屯,安辑戎旅之初,邑钜(巨)族杨氏以其先业与官,为军营易庙地。故此庙杨氏世主之。"

戊午己未蜀难孔棘⑧,民惊徒解散,庙因废不治。岁乙亥版图归元,居民稍复。杨氏有儒先名震炎、字直夫者,复署乡士任伯禄为祝史,与道士梁炳发,焚修其中。二生植黻起仆,厥勳(勋)未集。岁己卯直夫杨侯暨任伯禄化设黄箓会,下命伯禄之子绍傅师道录⑧,虹谿(溪)杨君泰望簪戴为道士,委以修缮。

岁丙戌⑨平阳光宅真人董君若冲,归省其先垄,于嘉展敬庙,下矢心修理。厥后任梁二生,相继物故⑩,董君亦北还。惟绍傅独以兴复为己任,革故以新,易腐以坚。西东搘撑⑪,夙夜靡懈。

岁戊戌董君遣其徒马志敬、李志和、冯志安等数人,至自阳平。重修正殿,其食与材,则仰给于任、杨。傃由夹江尹、长宁倅、迁知开达梁山州事、以中顺大夫同知成都路总管府事,致仕⑫归老于乡。

侯虽乃身宦游,乃心罔不在庙庭,厥嗣汉傑(杰)子英,知广海南万安军事,亦能继述先志,以庙事悉畀⑬任君,而责其成,任奋空起,有坚忍强济。越三纪而百废具举,正殿、家庆楼则细盖,香殿则刱(创)建,阙楼、三门、桥楼则重修,五岳后殿则翻盖。镂楣雕栱,丹漆相辉,藻井绮疏,金碧交暎(映),殿壁周廊,绘事严饰。廊斋堂以为食息之所,筑亭□(榭)以适游观

---

① 淳化景祐:即北宋太宗到仁宗之间的年号,公元990年到1038年之际。
② 断碣,指断碑。
③ 尝:曾经。一昔:一夜。
④ 迟明:黎明,天快亮的时候。
⑤ 疾厉:谓因疾疫而致危厉。宋邢昺疏:"谓阴阳和,风雨时人无疾厉,天下安宁也。"
⑥ 祷祠:泛指祭祀。《周礼·春官·丧祝》:"掌胜国邑之社稷之祝号,以祭祀祷祠焉。"贾公彦疏:"祷祠,谓国有故祈请,求福曰祷,得福报赛曰祠。"《周礼·春官·大祝》:"国有大故天栽,弥祀社稷,祷祠。"郑玄注:"弥,犹徧也。徧祀社稷及诸所。祷既,则祠之以报焉。"贾公彦疏:"以其始为曰祷,得求曰祠,故以报赛解祠。"
⑦ 嘉定年:"嘉定"为南宋宁宗赵扩的年号,即公元1208—1224年。
⑧ 蜀难:指公元1258—1259年南宋宝佑、庆元年间的成都之战。南宋四川制置使兼知重庆府蒲择率军抗击蒙古人,十年功废,"掠成都、薄嘉定(今乐山)"。孔棘:艰危,困窘。
⑧ 师道录:学习、负责道教事务。
⑨ 岁丙戌:元至元二十三年,公元1286年。
⑩ 厥后:以后。物故:事故,死亡。
⑪ 搘(zhī)撑:意欲支撑。
⑫ 致仕:交还官职。
⑬ 乃身宦游:只身外出求官。乃心:怀念、思念。悉畀(bì):托付,委托之意。

眞土而位岳之祠徧天下雖榮不岳
曾寸而合不崇朝而雨天下泰山之
林本鬱秀崗巒傑峙雲霞薇霸蘙
家磅礴鍾奇孕靈攬勝據寶誠里霞
凡但載淳化景祐間斷碣略云廟址
禰祠春秋祈報福禍之應捷於影響
迤主之戊己午未蜀難孔棘民驚從

之宾。至于庖库逶道，斩然一新。穹如奥如，缭如辟如。远近瞻仰，抃蹈呼舞①。其搜材雇工，规粮殖财，皆有良策。人乐施之，用以不匮。

而其徒罗善信、梁善清、东悟玄、任善惠、善应偕众等，亦各锐然宣力，恪勤乃秉②。至泰定初③，始悉落成。既又恭设黄箓万简，会无遮，华严海印，无量胜因。上祝圣天子万寿，中讚（赞）威灵，下津含识，神道人纪，咸曰备矣。任君则犹以为未也，复置良田水陆五顷。有奇水碓磑凡（凡）两所，作务有僮耕垦，有楗为庙恒产，以裕其众，深谋远筹（算），岂琭琭者所能到哉。任君致邑人之意，请誌（志）兴造颠末，姑摭其槩（概）如此。予惟斯庙之始，固不可得而攷（考）也。淳化至今垂四百年，而杨氏主之不替，今杨侯父子又能择任君而任之，以复还旧观。卒不愆于素，庸④非数乎。然则杨佽可谓用得其人，任君可谓不负所託（托）矣。后之来者能以佽与君之心为心，则庙兴，此山永永无极。若夫神之爵号在祀典，惠泽在生民。故略其钱粮之数，常住之目，附见于碑阴云。泰定四年岁次丁卯三月既望，承事郎顺庆路大竹县尹兼管□（本）县诸军奥鲁劝农事赵由禩（祀）记⑤。

承直郎成都路简州知州兼管本州诸军奥鲁劝农事尧都牛□篆额⑥。

承直郎嘉定路峨眉县尹兼管本县诸军奥鲁劝农事尧都吕书丹。

承直郎嘉定路峨眉县达鲁花赤兼管本县诸军奥鲁劝农事主盟。

嘉定路峨眉县主簿兼尉间间典史贺文友，县吏苏敬、蒲钦若、杨世荣、焦世明、李文通、杨瑞、雍寿、张贤、□左丞相公舍人昝德隆、张都元帅舍人张复礼、武畧（略）将军管军千户鲜复祖、通真弘校渊静大师、嘉定路道教提点玄妙观住持虹豁（溪）后人杨逢辰立石。仙蓬梁绍宗镌。

---

① 抃蹈呼舞：抃（qiá），两手抓住，抃着腰。呼舞：欢呼起舞，极言欢乐。
② 锐然宣力：锐然：永往直前坚守信念之意。宣力：效力；尽力。恪勤乃秉：恪勤，恭敬诚恳。乃秉：秉职，忠于职守。
③ 泰定初：元泰定元年，即公元 1323 年。
④ 卒：终；终于。愆（qiān）于素：谓超过原来的计划。庸，功劳；数，点数，计算；此意是功劳多不胜数。
⑤ 承事郎：文散官名，正八品。顺庆路：元至元二十年（1283）升顺庆府置，治南充县（今南充市）。奥鲁：元代征戍军人家属在后方的生产经营组织。元至元元年以后由地方长官兼管。劝农事：主管农业的官名。
⑥ 承直郎：文散官名，元代为正六品。篆额：指篆书碑额。

七十九

重修路碑

单碑

85cm×172cm

绥山镇大庙飞来殿

明代

篆书 2 行

楷书 18 行

约计 340 字

〖释文〗

重修路碑

峨眉县东嶽（岳）庙重修道路记

照会本庙：命匠雇工，收买版石，重新修理道路。乃自原庙至雁门街，布砌总计四百三拾（十）丈。始自泰定三年①丙寅岁正月初三日动工修理，至致和二年三月毕工。用价钱宝钞贰（二）佰（百）锭，食用在外。上祈国安民泰，天下太平。神威协赞于山川，□祚永安于社稷。庙门昌炽②，香火绵延。前后殿堂、楼阁、廊芜③、云堂④、厨库、桥楼远门、亭宇，计捌（八）十二间。□（致）和二年⑤三月吉旦焚献，提点任绍传立石。

东嶽（岳）庙重修路道记

大明国四川嘉定州⑥峨眉县翔凤乡居住奉神，舍财顾工，兴修道路。信士张纪偕缘邓氏妙善，男张守兴、张守旺、张守定，男妇燕氏妙观，女张氏妙秀，暨一家眷等，是日上工。圣鉴意者，□张纪发心，喜舍资财，顾工修补东皇御道伍（五）十丈，又于真境楼重修圣街二十伍（五）丈，又于乱石坎修伍（五）十伍（五）丈。三处俱皆完毕，命匠镌碑留记。更祈圣帝垂恩，真神护佑。夫妇保守，男女团圆。家道兴隆，诸缘吉庆者。石匠李明。

弘治七年⑦三月二十八日记，焚刺道士朱常清。

---

① 泰定三年：即公元 1326 年。

② 昌炽（chì）：兴旺，昌盛。

③ 廊芜：指堂下周边的屋子，走廊和侧房。

④ 云堂：华美的殿堂，这里指僧堂。

⑤ □（致）和二年：即公元 1328 年。

⑥ 大明国四川嘉定州：明洪武九年（1376）降嘉定府置为嘉定州，属四川承宣布政使司。辖境相当于今天的洪雅、夹江、峨眉、乐山、峨边、犍为、荣县、威远等地。清雍正十二年（1734）复升为府。

⑦ 弘治七年：公元 1494 年，明孝宗时期出现过短暂的治世，史称"弘治中兴"。

重修路碑

峨眉縣東嶽廟重修道路記

照會本府命匠催工收買坂石重新修理　乃自原宿至鴈門街
布砌總計四百登弍丈始自泰定叁年丙　正月初三日動工修
理至致和二年三月畢工　用價錢實鈔　食用在外上祈

國安民泰天下太平
祈永安於社稷
神咸協贊於山川
前後殿堂樓閣　廟門昌盛香火綿延

東嶽廟重修於道　　和二年三月古日以欵提頭任
大明國顏工真修道路峨眉縣　廟門昌盛香火綿延
捨財一家世旺善　張家他父是修道路信士
聖意者真但張能匠鈔　張宇定信士　妙親鄧氏
　　於意　心喜捨　路　男婦　女張妙秀
　是月上下谷　翔鳳鄉番徒　男張承堂
　　　　　燕氏　妙親鄧氏效善
　　拾弍　　　女效善
　　　　　樹男又谷蒲　求皇鄉道伍十夫
　　　　　石塔修伍十　真神崇信太三
　　　　　皇鄉道伍十伍夫　　義明至

乾隆　　　記

東嶽廟重脩□路道記

大明國四川□定州□眉縣□朔□

神捨財韻工□脩道路信□男□

□捨一張守駐□眞張守定□信士□男

聖鑒暨意者家眷張□是日上□男

文於真境慢重紀心喜□拾

處俱背完畢命匠脩鑄聖碑街□二□

弘□婦保守男□國圓匠泉道碑留□

□□年□月亥□圓□廿一日□記□省□

峨眉縣東嶽嶺廟重修道路記
照會本廟命匠雇工收買
布砌總計四百登拾尺始
理至致和二年三月畢
民秦天下太平
神威恊賛於山川
永安於社禝
祚永前後殿堂樑路
廟門昌

千古不朽

单碑

86cm×156cm

绥山镇大庙飞来殿

清代

楷书 18 行

约计 980 字

【释文】

千古不朽

尝思禹鼎铸而夏礼永传，汤盘铭而殷祚不湮^①。古今来歴（历）火而新，百世不敝者，莫非勒诸金石而后垂于无穷也。

邑北飞来殿，勅赐香火，名山古刹，多歴（历）年所不知经始何日。然自唐迄宋、由元及明，千百年间，其中兴神赛会^②者，不乏施业地主、培修善士。迄今虽代远年湮，每一览其石刻金铭，不啻^③赫赫若前日事也。

独大鼓一会，每岁由飞来殿而出，驾于西坡寺。次日回神，仍归于飞来殿。观其沿袭如此，不知造端奚自^④。並（并）不闻当年曾置半亩之田，一箭之地否。

至咸丰三年，有夏、马、田、丁、段五姓始建一碑。乃称会系永乐三年^⑤数姓前人，出则同僚、处则同乡。惟致仕而归，故爰兴神以同会並（并）载。置买水田七块、塆地一坪。康熙年间交付阎罗殿僧惠明等，语尔时因其所载界址，与飞来殿地势全不相符。且所称地名并不知果在何处，以故僧与首等，未与深辩。

延今同治九年，陡称住持违例败公，妄云首等霸业鲸吞。控僧在案，又毫无契约碑记，炳据恩蒙县主。史公迭讯，明确断伊会原无田地，每岁会期住持，惟有茶水迎神接驾，余外不得勒僧承办什物。此盖仁天据理明断，神

---

① 禹鼎：传说夏禹以九牧之金铸鼎，上铸万物，使民知何物为善，何物为恶。《左传·宣公三年》："昔夏之方有德也，远方图物，贡金九牧，铸鼎象物，百物而为之备，使民知神、奸。故民入川泽山林，不逢不若。螭魅罔两，莫能逢之。"
夏礼：礼，是中国古代社会的典章制度和道德规范。在孔子以前已有夏礼、殷礼、周礼。
殷祚：商代后期，由盘庚起称殷。祚，国祚，国运。湮（yān）：湮灭。
② 神赛会：旧俗抬神像游行，并举行祭祀，以求消灾赐福。
③ 不啻（chì）：不仅、何止。
④ 奚自：来自什么地方。
⑤ 咸丰三年：清咸丰三年，即公元 1853 年。永乐二年，即明代永乐三年，公元 1405 年。

刻金銘不帝赫比若前見書由此不知造端奚自並不聞當牛曾道牛畝一會三年懃姓前人出則同徐處則同郷惟致仕殷僧惠明等語爾時因其所載界址與飛來薜延今同治九年陡稱住持肯違例敗公云薜明確斷伊會碩無田地每歲會嘗期住持惟有感也夫田之有無及付免未何寅中知必有詞當年果置田地之有買契付僧人應徭可信之端兎可足為是訓是行之具各異今必換簡以爭界理分柔郎在貝君仁天鑑衡遂涿曲直亩方烈是殆換之以理乎

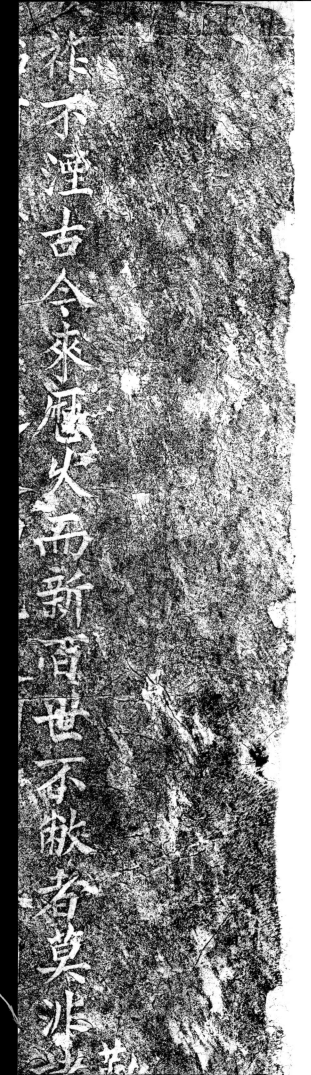

人均感也。夫田之有无，及付与未付，冥冥中知必有辩之者，若首等生数百年后，老成凋谢，古蹟（迹）无征[1]，似乎虚实难分矣。究之当年果置田地，定有买契交付僧人，应立交单合同。否则，定有碑记。此固彰明[2]较著者。况夫事经久远，业有废兴。即可征可信之端，犹不足为是训是行[3]之具[4]。

昔元代任公在庙，曾置水陆田产五顷有奇[5]，四围周广数里。兵乱之后，扞（捍）[6]报各異（异）。今必执简[7]以争，照界理业，即在仁人君子，谁其允之缘，是以思则□（伊）□（会）□（之）田地。孰是孰非，固自可推□（者）。兹乃一经仁天鑑（鉴）衡，遂尔曲直立判。是殆揆[8]之以理乎，抑亦神牖其灵乎。姑勿俱论第思，伊会置有田地之说，亦不知倡自何人。因使后人以讹传讹，所以贻误至今耳。若谓平白生方，眼红寺土，是则昧理丧心，将为神所谴也，伊会岂其然乎？

今者案宗远注，殷鉴[9]非遥。窃念后之视今，亦犹今之视昔，倘非勒诸贞珉，恐一再传后变端复起，依然茫无所据。将使后人复悲后人也。爰特标数语以誌（志）不朽。俾后之经理者，确然有凭，争端不起。庶人喜神欢，均为神所福耳。至首等经理多年，未曾标叙账目，兹并将每年账目序列碑后，以昭公允。于是乎序。

值年首事（姓名略去），轮流首事（姓名略去）。住持僧香净。

大清同治九年岁次庚午仲冬月吉旦立，石匠张凤鸣。

---

① 古蹟（迹）无征：蹟同"迹"。无征，没有证明，没有实据。
② 彰明：坚决地昭示、颁示。
③ 是训是行：是，指示代词。此，这。训，典式，法则。行，行为，品行。古汉语中，常与"有典有则"相对用。
④ 之具：具，具有。
⑤ 有奇：有余。
⑥ 扞（捍）（hàn）：扞格，有抵触之意。
⑦ 执简：手持简册，有凭有据之意。
⑧ 殆：大概。揆：度量，揆情度理。
⑨ 殷鉴：意思是指周朝子孙应以商朝的灭亡鉴戒。后泛指前人的教训就在眼前。

[1] 郦道元 . 水经注校证 [M]. 陈桥驿，校注 . 北京：中华书局，2016.

[2] 山海经 [M]. 方韬，译注 . 北京：中华书局，2022.

[3] 郭璞，注 . 邢昺，疏 . 尔雅注疏 [M]. 上海：上海古籍出版社，2010.

[4] 国学整理社 . 诸子集成 [M]. 北京：中华书局，2016.

[5] 陈鼓应，注译 . 老子今注今译 [M]. 北京：商务印书馆，2016.

[6] 朱熹 . 楚辞集注 [M]. 上海：上海古籍出版社，2001.

[7] 程俊英，蒋见元 . 诗经注析 . 北京：中华书局，2017.

[8] 陈至立 . 辞海 [M]. 上海：上海辞书出版社，2022.

[9] 穆彰阿，等纂修 . 大清一统志 [M]. 王文楚，等点校 . 上海：上海古籍出版社，2022.

[10] 李贤，等撰 . 大明一统志 [M]. 成都：巴蜀书社，2017.

[11] 张廷玉 . 明史 [M]. 北京：中华书局，1974.

[12] 脱脱，等撰 . 宋史 [M]. 顾颉刚，等点校 . 北京：中华书局，1974.

[13] 战国策 [M]. 缪文远，罗永莲，缪伟，译注 . 北京：中华书局，2016.

[14] 孙诒让 . 周礼正义 [M]. 北京：中华书局，2015.

[15] 孔丘 . 论语 [M]. 李申，编 . 北京：中华书局，2016.

[16] 班固 . 汉书 [M]. 北京：中华书局，2012.

[17] 司马迁 . 史记 [M]. 北京：中华书局，2010.

[18] 孔安国传 . 尚书 [M]. 上海：上海古籍出版社，2022.

[19] 来知德，集注 . 周易 [M]. 上海：上海古籍出版社，2013.

[20] 许慎，段玉裁，注 . 说文解字 [M]. 上海：上海古籍出版社，2021.

[21] 张双棣，殷国光 . 古代汉语词典 [M]. 北京：商务印书馆，2014.

[22] 方诗铭 . 中国历史纪年表 [M]. 上海：上海辞书出版社，2022.

[23] 贾文毓，李引 . 中国地名辞源 [M]. 北京：华夏出版社，2015.

[24] 臧励龢，等 . 中国古今地名大辞典 [M]. 上海：上海书店出版社，2015.

[25] 郑天挺，吴泽，杨志玖 . 中国历史大辞典 [M]. 上海：上海辞书出版社，2007.

[26] 张书岩 . 简化字 繁体字 异体字对照字典 [M]. 上海：上海辞书出版社，2016.

[27] 慧能 . 六祖坛经 [M]. 徐文明，注译 . 郑州：中州古籍出版社，2018

[28] 刘义庆 . 世说新语 [M]. 北京：商务印书馆，2018.

[29] 法华经 [M]. 赖永海，主编，王彬，译著 . 北京：中华书局，2015.

[30] 张华 . 博物志 [M]. 北京：中华书局，2020.

[31] 韩非子 [M]. 高华平，王齐洲，张三夕，译注 . 北京：中华书局，2015.

[32] 淮南子 [M]. 陈广忠，译注 . 北京：中华书局，2012.

[33] 抱朴子 [M]. 张松辉，译注 . 北京：中华书局，2011.

[34] 黄锡焘，谭钟嶽 . 峨山图说（中英对照）[M]. 费尔朴，译 . 成都：四川人民出版社，2016.

[35] 张利贞，等修，黄靖图，等纂 . 富顺县志（道光版）[A]. 东方文化学院东京研究所，804.

[36] 李铭皖，谭钧培，修，冯桂芬，等纂 . 苏州府志（同治版）[M]. 江苏：凤凰出版社，2019.

[37] 嘉靖洪雅县志 [A]. 天一阁 .1963.

[38] 嘉定府志（同治版影印本）[A]. 乐山市市中区编史修志办公室 .1986.

[39] 陈谦修，罗绥香，印焕门，纂 . 犍为县志（乾隆版影印本）[A].76725.

[40] 峨眉县志编委会 . 峨眉县志 [M]. 成都：四川人民出版社，1991.

[41] 蒋超 . 峨眉山志 [A]. 峨眉山佛教协会，编印 .2019.

[42] 峨眉县志（乾隆版影印本）[A]. 峨眉山地方志工作办公室 .2018.

图书在版（CIP）数据

峨眉山石刻选注 / 峨眉山风景名胜区管理委员会编 .

成都 : 四川美术出版社 . 2025.1.--ISBN978-7

-5740-1308-7

Ⅰ .K877.42

中国国家版本馆 CIP 数据核字第 2024Z1P873 号

峨眉山石刻选注
EMEISHAN SHIKE XUANZHU　　峨眉山风景名胜区管理委员会　编

责任编辑	周　昀
责任校对	刘洋婕
责任印制	黎　伟
装帧设计	龙马文化　陈　城
出版发行	四川美术出版社
地　　址	四川省成都市锦江区工业园区三色路 238 号
成品尺寸	210mm × 285mm
印　　张	16.75
字　　数	200 千
印　　制	成都市东辰印艺科技有限公司
版　　次	2025 年 1 月第 1 版
印　　次	2025 年 1 月第 1 次印刷
书　　号	ISBN　978-7-5740-1308-7
定　　价	298.00 元